教師の流儀

Yasunori KAWAKAMI
川上康則

正解のない問いを考える

エンパワメント研究所

はじめに

「教師になる」よりも「教師であり続ける」ほうが難しい時代になりました。

本来であれば、教師もまた人であり、多くの子どもたちとの出会いや関わりを通して学びを繰り返しながら成長していく存在であると思います。しかし昨今は、教師が「学ぶ」以前に、学校に「居る」こと自体に厳しさを実感することもしばしばです。「ここに居る」ことに不安を感じる状態では、学ぶどころではありません。

同時に、子どもたちに対する風当たりも強くなってきているのを感じます。追い詰められた大人のやり場のないイラ立ちの矛先が子どもに向かうのは、家庭も学校も同じです。一度怒鳴ったら子どもたちが言うことを聞いたという体験をすると、その結果だけが頭の中に残って、経験が浅い教師に「もっと厳しくしないと子どもにナメられるぞ」などといったねじ曲がった指導観が伝わってしまう……。

よかれと思ってのアドバイスが、少しずつ間違った方向に向かうのを繰り返しながら、子どもたちの期待する学校とかけ離れていってしまったのが現在の学校の立ち位置だと言えるのではないでしょうか。

教師が、人の深さ、世界の広さ、人生の豊かさ、物事の美しさなどに背を向けて、短絡的に「うまく回す」ことだけを考えてしまう現実に、憂いを感じずにはいられません。

今あらためて問い直したいのは、「羅針盤を持てない教師に果たして子どもたちがついていきたいと思うだろうか」ということです。

本書『教師の流儀』には、こうすればうまくいくといったすぐに使える話はほとんど書かれていません。そのかわり、こう考えると迷いが少なくなるのではないかという情報を詰め込みました。

情報には「言葉」が伴います。

たった一つの言葉で勇気づけられることもあるし、わずかな一言が不快な気持ちを生み出したりします。そして時には、その人の暮らしや人生を大きく左右することにもなります。そのことが巡り巡って、これまで言葉にできなかった悲痛さや心の奥底からの叫びを自分自身で受け入れながら、前向きな一歩を踏み出す力になるような気がするのです。

本書に記された、たった一つの言葉でも、あなたが教師であり続けることを支えられるのであれば、これ以上の幸せはありません。

目　次

第2章　歪んだ教育観との対峙

第3章　教育現場の息苦しさにおける葛藤

第1章 教師のマインドセット

不機嫌は「無言の暴力」、ご機嫌は「活力の源泉」

■心理的苦痛のダメージは、快楽の2倍以上の影響力■

2002年にノーベル経済学賞を受賞した「プロスペクト理論」は、行動経済学という分野で語られた理論ですが、実は、学校の雰囲気づくりや学級経営のあり方にも共通する法則があります。

プロスペクト理論では「痛みや悲しさには、快楽の2～2・5倍の心理的影響がある」とされています。たとえば、1万円をどこかで落としてしまったとします。でも、次の日に、服のポケットから不意に1万円が出てきたとします。純粋に考えれば、「損失（痛み・悲しさ）」と「利得（快楽・嬉しさ）」は同額です。お財布の中身は現状維持ですから、感情もプラスマイナス0《ゼロ》であるはずです。

ところが、人の心理というものはそう単純に割り切れるものではありません。1万円の損失のほうを「より大きな出来事」と認識してしまうため、ポケットから見つかる金額が2万円～2万5千円でなければ損失の際のショックを補うことができない、と考えるものだと言うのです。

1万円を失ったときの「悲しさ」と、1万円を取り戻したときの「嬉しさ」を比べた場合、マイナスの価値のほうが約2～2・5倍大きく感じられる……。

この理論を学級経営に当てはめれば、叱られた子どもは、その2～2・5倍くらい認められたり、許されたり、ほめられたりしなければ「学校キライ」「家にいたほうがマシ」「こんなのやってられない」という気持ちになってしまうということになります。

また、教師の不機嫌やイライラが1日続けば、教室内の空気も重く淀んだものとなり、翌日以降、その先生がご機嫌な状況を少なくとも2～2・5日続けないと子どもたちの気持ちは回復しないということも言えそうです。

不機嫌は「無言の暴力」、ご機嫌は「活力の源泉」。これくらいの大きな差があるわけです。

もしも、威圧的・高圧的・支配的な学級経営が1年間続けられたらどうでしょうか。子どもたちは1年間、その担任の顔色をうかがい、忖度しながら行動することになります。当然、自分で考えて行動しようとする意欲は失われ、「先生に怒られないようにすること」が行動の基準になります。プロスペクト理論をもとに考えれば、その子どもたちが「主体的に行動しようとする意欲」を回復させるためには翌年度から2～2・5年もの月日を費やさなければならないことになります。

追い詰められた子どもたちは、大人を信頼できるようになるまで「心のリハビリ期間」が必要になります。学校で作られた心の傷（トラウマ）は、学校でしか癒せません。校内に不機嫌な先生が複数名いるとすれば、学校は、もはや社会全体に大きな損失を生み出す「巨大な装置」と同じです。子どもたちに、学校に通うことや教室に居続けることは「損失や痛みと同じ」と感じさせてしまうことだけは避けたいものです。

教室と職員室はつながっている

教室で起こるエピソードは日々の職員室で語られ、やがて職員室内の「マインドセット」が築き上げられていきます。

マインドセットとは、「自分自身がもっている思考回路の基本的枠組み」のことを言います。人の意識や心理状態を一面的な捉え方で終えるのではなく、全体像を可変的・多面的に捉えるという考え方に基づいています。成功体験などから築かれていく良質なマインドもあれば、暗黙の了解や先入観や思い込みといった残念な方向に向かいやすいマインドもあります。

マインドセットは、その人が置かれた環境に大きく影響されます。

職員室で子どものことを「あの子は大変だ」「あの子は難しい」「あの子がいることでクラスが落ち着かない」などと諦めモードで不機嫌そうに語られるエピソードが多い職員室では、「うまくいかないのは子どものせいだ」というムードが漂います。

そして「クラスを乱す行為を叱れない教師は甘すぎる」といったマインドセットが積み上げられ、やがて「教室で怒鳴ったり、子どもを圧でコントロールしたりすることは正しい指導だ」と自身の指導を正当化するようになります。

「今日はあの子を泣かせてやった」「クラスがたるんでいるからシメてやった」など と、まるで武勇談を語るような発言が職員室内で聞かれるようになったら、もう学校経営の末期状態です。職員室も教室も、窮屈で息苦しい空気に支配されているはずです。

北海道の小学校教師である大野睦人氏は、「教室と職員室はつながっている」と看破しています。教師のメンタルヘルスの問題はとかく若手教師の心のケアに注目が集まりがちですが、ここまで述べたように、ある程度の経験を築き上げた年代の教師こそ引き返せないレベルのこじれたマインドセットをもっていて、職員室内に負のエネルギーをもたらしている危険性があります。

無自覚なまま築き上げられていった負のマインドセットは、子どもたちにも必ず伝わります。学校は本来、みんなが気持ちよく過ごせる場でなければなりません。子どもたちの深い学びや教職員のメンタルヘルス問題に真剣に取り組みたいのであれば、まずは職員室が笑顔で溢れ、プラスの空気感に包まれること、これに尽きると思います。

【参考文献】

大野睦人「対話の場を意図的につくり、伴走者として寄り添おう」『教育技術小一小二』2020年1月号 pp.39-42 小学館 2019年

譲れないライン・許せないラインの危うさ

■「どうしても譲れないライン」は子どもたちも納得の上か■

自らの学級経営について「どうしても譲れないラインを越えた行動に対しては、厳しく叱る」と語る教師がいます。今回は、「譲れない／許せない」という線引きについて考えます。

個々の教師の頭の中には、常に「この場面で子どもたちにこうしていてほしい」という〝想定の枠組み〟があります。その枠組みから外れるような姿を示す子どもが表われたときに、「譲れない／許せない」という気持ちが沸き上がってきます。そして、その子に対して「他の子たちの学習権を侵害している」「みんなも我慢している」「あなただけ身勝手なことは許されない」というような言葉を使って、枠組みから外れた子どもを叱るパターンが多いのではないでしょうか。

たしかに、叱る基準を明確にすることは、指導の一貫性においても、子どもたちにも伝わりやすくするという点においても、とても重要なことです。「譲れないラインを越えるようなことをしたのだから、叱られて当然」という言い分も理解できます。

しかし、そのラインが大人側の都合だけで設定されていたり、子どもの実態や能力を超えたところに置かれていたりしているようなことはないでしょうか。

「譲れない／許せないライン」は、結局のところ、個々の教師の主観的な線引きにすぎません。良かれと思って作られた基準であっても、子どもたちとの合意や納得の上に設定されたものでなければ、今度は一転して、教師の首を絞めてしまうような結果に陥ります。叱ることが日常化してしまうのです。

■叱って直すのではなく「教え導く」「伝え育む」■

くわえて、クラス全体に不平等感を与えないようにするという教師の気持ちが子どもたちにも伝わり、子ども同士が相互に監視し合うような、教室内にピリピリとした雰囲気が醸し出されていくようになることがあります。

「先生、〇〇くんがまたこんなことをしています」とか「先生、〇〇さんがまだできていません」などといったネガティブな側面の報告が増えてきたら、学級経営の「危険水域」です。このような状況に陥ると、あらゆることに対して「叱って直そう」という雰囲気になっていきます。教師の主観で設定された「どうしても譲れないライン」は、厳密・強固であればあるほど、実は危うさをも秘めていると言えます。

たとえば、「話している人のほうに身体を向ける」とか「説明の間はじっと座っている」といった学習規律に関すること。あるいは、「呼ばれたら返事をする」とか、「発表のときは大きな声で話す」といったコミュニケーションに関すること。これらは、少しずつ「教え導いていく」べきことであって、叱られて直すべきことではありません。

また、子どもが無自覚である場合や、未学習である場合、そして発達につまずきがある場合には、身につくまで何度も粘り強く「伝え育んでいく」姿勢が大切になります。

大人側の都合で決められた「譲れないライン」が、子どもの実態に見合っていないとき、それはもはや、教師・子どもの双方にとって「苦しみの種」や「行き詰まり感」にしかならないのではないでしょうか。

このように、教師のストレスは、仕事の量や勤務時間の長さばかりが原因なのだけでなく、自らが無自覚に設定してしまっている「子どもに求める枠組み」が原因となることもあるのです。

■フォールス・コンセンサス■

教師は、「自分の主張は正しく、それに基づく指導は周囲から認められるだけの価値をもっている」と勘違いしやすい職業です。自分の意見や考えこそが世の中の多数派であり、かつ正常であると思い込んでいるようなところがあります。こうした思い込みを「フォールス・コンセンサス（false consensus ＝偽の合意効果）」と言います。

フォールス・コンセンサスは、認知バイアス（認知の偏り）の一つです。「周囲が、自分の考えに合意してくれているもの」と勝手に思い込むことから「偽の合意」と名づけられました。

たとえば、自分の意にそぐわないことを「世の中はそんなに甘くない」とか「社会はそのような甘えを許さない」といった言い方をするような教師はその代表格です。自分の考えは、社会の多数から支持されていると言いたいわけです。そのような思い込みや決めつけが積み重なることで、自身の枠組みをより強固なものにしていきます。

自分の枠組みに固執するようになると、他者の意見や考えを聞き入れようとしなくなっていきます。引き返しどころを見失ったフォールス・コンセンサスほど厄介なものはありません。まるで「教師としての美学」や「教育界の常識的な考え方」であるかごとく、自分の主張の正しさが語られるようになるからです。

さらに怖いのは、こうした考え方が職員室内で世代間連鎖を引き起こしていくことがあり得るということです。疑いなく「そういうものだ」と信じ込む若手教師もいることでしょう。

学校現場の問題の大半は、個人に帰属されるものではなく、システム不全や制度疲労から生み出されています。しかし、システムや制度を動かすのもまた個人であるという認識に立つ必要があります。個々の教師が自らの主義・主張・教育観を見直していくことも、学校のメンタルケア問題の解決につながるのではないでしょうか。

【参考文献】
川上康則『教室マルトリートメント』東洋館出版社　２０２２年

プロクルステスのベッド

■「大人側の基準に当てはめたい」という気持ち■

ギリシャ神話の一つに、「プロクルステスのベッド」という話があります。プロクルステスは、街道に出没した盗賊の名前です。

プロクルステスは、疲れた旅人に声をかけ「我が家にあるベッドがあなたにぴったり合うようならばその場で休める」と誘います。しかし、ベッドは2種類あり、体の大きな旅人には小さなベッドを、体の小さな旅人には大きなベッドを使わせます。そして、旅人が大きければベッドからはみ出した手足を切り落とし、旅人が小さければ手足を引っ張って引き裂いたというのです。

決して合うはずのないベッドに乗せ、無理やり人間をベッドに合わせてその命を奪うというやり方は、神話として語り継がれ、やがて心理学の用語となります。「プロクルステスのベッド」は、自分の基準に無理やり相手を当てはめようとすることのたとえとして使われています。

この「プロクルステスのベッド」から得られる教訓は、学校現場において、大人が子どもを見つめるときの視点の正しさを振り返るきっかけにもなります。

たとえば、指導案の中の「予想される子どもの発言」という項目がどのように書かれているかを振り返ってみましょう。教師側が期待する理想的な発言や行動を並べているということはありませんか？　その背景には、「この場面で子どもはこう発言・行動するのが望ましい」という一方的な期待があります。こうした気持ちで作られた指導案では、想定外の出来事に対応しきれません。実際の授業で、事前の想定とは異なる意見が出たり、想定から外れる行動が見られたりすると途端に教師側の焦りが強くなるのは、その前提に「プロクルステスのベッド」的な捉え方が潜んでいるからだと言えるでしょう。

また、校内研究のテーマ設定のプロセスにも、「プロクルステスのベッド」的な考え方が見られることがあります。「うちの学校は話を聞けない子どもが多い。ならば〝話を聞く子どもの育成〟をテーマにしよう」「自発的に動ける子どもが少ない。ならばテーマは〝主体的に考えて行動できる子どもを育てるために〟でどうか」などと、安易に「子どもを変えよう」とするようなテーマが設定されていることはありませんか？本来、研究とは、大人側の見方や授業のあり方を変えるために行われるべきものであって、子どもを変えるために行うものではありません。にもかかわらず、「子どもを変えたい」というテーマの設定に違和感を覚えない学校現場が少なからず存在します。

相手を変えようとする取り組みは大抵空回りし、好ましい成果が得られずに終わります。結果的に、「指導案なんか書いても意味がない」とか「校内研究などやっても意味がない」という気持ちを植え付けることにもなります。教師のメンタルヘルスの問題は、実は、自分たちのマインドの問題と表裏一体な側面があるのです。

■PDCAの「P」にとらわれやすい組織の危うさ■

学校は、ＰＤＣＡのＰ（Plan）にとらわれがちな組織です。学校長による「学校経営計画」や各教科の「年間指導計画」をはじめとして、発達につまずきがある子どもの育ちに関わる「個別の指導計画」に至るまで、あらゆる計画が作成されます。

これらの計画は、教育活動の指針となるものなので、ないよりもあったほうがよいのは言うまでもありません。しかし、それありきになってしまうと危険です。「計画に沿わない方向」に事態が向かうことへの苛立ちを生むからです。ここにも「プロクルステスのベッド」の考え方が潜んでいます。

計画通りに物事が進まないと、「なんとか元に戻さなければ」という気持ちが強くなります。そして、計画に沿わない動きに対する不安や危機感が生まれます。その不安や危機感を早く解消したい人ほど、目の前の状況を強引にコントロールしようとします。学校運営しかり、学級経営しかりです。中には、自分ではコントロールできないようなことまで「自分はコントロールできる」と錯覚している大人もいます。「プロクルステスのベッド」のたとえは、教育関係者が陥りがちな思考に警鐘を鳴らすものだと言えます。

「知らず知らずのうちに自分の見方を過信していないだろうか」
「自分の設定した基準や計画に、相手を無理に当てはめようとしていないだろうか」
「基準に合わせて相手が変わることを期待しすぎていないだろうか」
「自分の価値基準に合わない物は認めないという考えに陥っていないだろうか」

このように自分を俯瞰して見つめ直すために役立てていくことが大切です。

今日の発達心理学の礎を築いたジャン・ピアジェは「ほとんどの人にとって教育とは、子どもをその属する社会の典型的な大人に近いものに仕立て上げることを意味している」と述べ、教育に潜む「大人の都合に合わせようとする本質的な課題」を看破しています。私たち教師には、常に「自分の都合」「自分の基準」「自分の想定」を絶対視せず、その枠を超えてくる子どもの登場ですらも喜んで迎え入れるような姿勢が求められると言えるのではないでしょうか。

【参考文献】

キャサリン・コーリンほか（著）小須田健（訳）池田健（用語監修）『心理学大図鑑』p.265 三省堂 2013年

子どものお試し行動に振り回されないようにするには

■大人を振り回すような行動の意図■

大人を振り回すような行動の一つに「お試し行動（limit testing）」があります。お試し行動は、大人の感情を揺さぶるような行動や挑発的な行為を指し、「何をどこまですると、大人は反応するか」を確かめるために行われます。たとえば、大人へのからかいやいたずら、大人を呼び捨てやイラッとさせるような呼び名で呼ぶ、追いかけてもらいたくてわざわざ逃げる、やるべきことを伝えた際に「イヤだ」等の反抗的な態度を示す、圧の弱めな教師の授業の際に私語がやまないなどの状況が挙げられます。

これらの行為の背景には、「この大人は本当に信頼できる人なのか」という大人を見きわめる意図と、「私はこの人から本当に愛情を注がれているか」という愛情確認の意図が込められています。

■お試し行動が出やすい場面■

学校でのお試し行動は、以下のような場面で頻出します。

▼大人から「相手にしてもらいたい」と思う場面
▼周囲の子どもの「気を引きたい」「注目されたい」と思う場面
▼退屈でつまらない授業（コミュニケーション・スキルの高い子どもほど、退屈を紛らわすために、お試し行動を「それなりにおもしろいゲーム」として繰り広げる）
▼環境の変化による不安を強く感じる場面

退屈でつまらない授業が子どものお試し行動を引き起こしている場合、注意や叱責はさらに子どもたちの興奮を煽るような結果になり、お試し行動がより激しくなるので逆効果です。お試し行動を減少させるカギは、授業改善しかありません。

「環境の変化」に伴う不安には、弟や妹の誕生、親の離婚や再婚、祖父母との同居や別離、転居、転校、年度が変わるときの担任の変更などがきっかけとなります。家族内の問題の影響が学校でも出て、「かまってほしい」というモードが強くなる場合は、ご家庭との情報共有や協力関係が欠かせません。

お試し行動は、基本的に「社会で望ましくないネガティブな行動」です。こうすることによって手っ取り早い自己アピールができるからです。しかし、狡猾なお試し行動の場合は、多彩な行動を巧みに使い分け、まるで「手のひら返し」のような様相を呈します。たとえば、大人の腕に巻き付きながら自分のお気に入りの大人であることをアピールし、「先生だけは特別だから」といった特別感を伝える一方で、「私がこういう言い方したら先生も困るでしょ？」と困惑させる行動をとることを予告して脅したり、「○○を許してくれるなら、□□をやってあげてもいい」という条件を付ける言い方で主導権をとろうとしたりします。

■お試し行動を受けやすい大人の特徴■

子どもたちは、以下のような大人の特徴を見抜いた上でお試し行動を繰り出します。

▼表情に動揺が出てしまう（顔が引きつる、視線が泳ぐ、声が裏返る、返答に詰まるなど）

▼自身の指導力に不安があり、関わりに迷いがある

▼細かいことに神経質になりやすい

▼自分が発している「圧」が弱めで、周囲からは「そんな関わりでは子どもからナメられる」「もっと厳しくしたほうがよい」等と助言されることが多い

このような大人は自分の反応を試されている行動なのだと分かっていても、大人の時間と気持ちとエネルギーを奪われていくように感じるので、焦りと徒労感が強くなります。結果的に根負けしてしまい、子どものペースにさらに巻き込まれていくというケースが大半です。「お試し行動を出すことで大人の気持ちを引き寄せられる」と

いう誤った成功体験を積んでしまった子どもと、振り回されていることに疲れ果てた大人という組み合わせが最も深刻で、お互いに出口が見えないトンネルのような状況に陥ります。このことが、教師のメンタルケアに大きな影響をもたらすことは言うまでもないでしょう。

■お試し行動への対応のポイント■

ここからは、お試し行動を出しやすい子どもと関わる際のポイントをまとめます。

(1) 行動の背景を理解する

前述のとおり、お試し行動には大人を見きわめる意図が含まれています。「退屈でつまらない授業であっても子どもは静かに黙って言うことを聞くものだ」という指導では、子どもたちの納得は引き出せません。公正で信頼できる大人であり、かつ授業をより面白く楽しいものにするための努力を怠らない教師であることが確認できるまで、子ども自身も「そうせざるをえない」状況なのです。まずは「悪いことをして周囲を困らせる子ども」という見方をやめましょう。

（2）感情的な対応をしない

「うるさい！」「いい加減にして！」と感情的に責めるような叱り方はまったく効果がありません。また、無視を決め込んで子どもの言い分を聞かなかったり、「そんなことをする子は嫌い」「勝手にすれば」等と突き放すような言葉を投げかけたりすることも、かえって火に油を注ぐような状況になります。管理職や若手指導の専門家の中には「毅然とダメ出ししたほうがよい」といったアドバイスをされる方がいますが、慣れていない教師がダメ出しをすることでかえって状況が深刻化することもあります。冷静に、長期的な視点で「大人を試すようなことをしなくてもあなたは周囲から愛されている」「不適切な行動で自分の存在を確認しなくても大丈夫」という安心感のあるメッセージを伝え続けることが大切です。

（3）要求に応えすぎて、何でも受け入れてしまうことも危険

ハートフルな側面を強くもつ教師ほど、知らず知らずのうちに子どもの要求に応えすぎていることがあります。先回りしてあれこれとやってあげたり、「わかったわかった」と言い分を聞き入れてしまったりする姿は、「この大人は、この程度のお試し行

動で音《ね》を上げる」という間違ったメッセージを送っているのと同じです。適切な行動が増えれば「お試し行動」は次第に減っていきます。粘り強く対応し、子どもが自信をもって行動できるようになるまで、適切な行動を応援し続ける覚悟が必要です。

【参考文献】

川上康則『こんなときどうする？　ストーリーでわかる特別支援教育の実践　ケーススタディからのアプローチ』pp.18-24 学研プラス ２０１６年

川上康則「大人を振り回す子――お試し行動（Limit Testing）　子ども理解の「そこ大事！」第4回」みつむら web magazine ２０２１年７月21日公開 https://www.mitsumura-tosho.co.jp/webmaga/kodomo_rikai/detail04.html

こじらせ教師が醸し出す独特の雰囲気

周囲への寛容さや柔軟さを示せない教師の存在

学校の職員室には、意見や考え方の内容よりも「誰がそのことを言うか」に重きを置く傾向があります。声の大きな教師、発言力の強い教師が声高に強硬姿勢を示すような発言をすると、それがまかり通ってしまうことが少なくありません。

やがて、間違いや失敗が許されない雰囲気が職員室に広がり、その空気感がそのまま教室に持ち込まれていきます。学校全体が「失敗を極度に怖がる」「自分を守りたい」という雰囲気に包まれていくのです。

あらためて考えてみれば、学校は予定調和の場ではありません。発達途上の子どもたちの集団ですから、事前に想定できなかったようなトラブルは起こりえます。

　また、個々の子どもに目を向けてみても、ハイハイから独歩に至るまでの途中で、つかまり立ちやつたい歩きを経て、何度も転びながら自力での歩行を獲得していくように、学齢期にもミスやエラーを通して学び、何度も修正しながら成長していける経験が不可欠です。子どものやり直しは、単発では成長にはつながりません。試行錯誤を繰り返しながら、学び取るまでの時間とステップが必要です。

　周囲への寛容さや柔軟さが示せない教師の存在は、学校にとって決してプラスをもたらしません。

こじらせ教師の特徴

　個々の教師もまた、自らの経験をもとに自身の指導スタイルを見出していきます。やがて、信念や信条、教育観などを確立していきます。

　それぞれの信念や指導観は尊重されてしかるべきだと思います。しかし、職員室内の空気を重苦しいものにするような主張は、もはや教育的な立ち位置ですらなく、自分本位をこじらせた結果でしかありません。「自分の主張こそが正しい」という認知バイアスに陥った状態を、私は「こじらせ教師」（筆者造語）と名付けました（川上 2022）。

「こじらせ教師」には、以下のような特徴があります。

- 視野が狭く、自分のものさしや主観だけで物事を判断する
- 内面に不安があってもそれを認めず、むしろ強気な態度などで隠そうとする
- 子どもに「○○させる」「○○させないようにする」という表現をよく使う
- 日ごろ「私の意見は間違っていない」「なぜ周囲は理解しないのか」と感じている
- 物事を素直に受け止め切れず、他者のマイナス点を指摘することが多い
- 皮肉や嫌味を含んだ発言が多い
- 無自覚のうちに大きな声や大きな足音で周囲を威嚇している
- 周囲から気を遣われていて、そのことに気づけていない
- 周囲から指摘されると、「教員は聖人君子ではない」などと開き直る

こじらせ教師は、周囲への寛容さや柔軟さが乏しく、自らの信念を顧みるということがありません。自身の価値観とは異なるさまざまな物事を片っ端から潰していきま

す。そのため、校内にこじらせ教師が一人でもいれば、学校の雰囲気は一気に重く、暗く、しんどいものになっていきます。教師のメンタルを潰しているのは、こうしたこじらせ教師の存在であるという「職員室の人間関係の現実」を直視すべきではないでしょうか。

■放課後の職員室のコミュニケーションを変える■

筆者は、こじらせ教師は、閉鎖的で危険度の高い職員室のコミュニケーションから生まれるのではないかという仮説をもっています。具体的に放課後の職員室の様子を整理してみます。

- ●パソコンに向かってばかりで対話がない
- ●対話があっても、子ども、あるいは保護者の悪口が多い
- ●子ども、あるいは保護者のことを嘲笑ったり、揶揄したり、ネガティブな側面を模倣したりする会話が多い
- ●子どものネガティブなエピソードで笑いが起きる

- 特定の教員のことを悪く言ったり、マイナス点を強調したりする話題が多い
- お互いに責任を取りたがらず、他者に仕事を押し付け合うようなところが目立つ
- 何かに追われるような気ぜわしさが絶えない
- 「今日、○○を叱って泣かせてやった」など武勇伝のように語る教師がいる
- 保護者や子どものことを呼び捨てで呼んでいる

子どものできていない部分を笑うような会話が飛び交うようであれば、その職員室は、もはや末期的な症状だと言わざるをえません。はじめのうちは、大抵、ちょっとしたからかいや愚痴です。しかし、子どもや保護者の立場を悪くするような、いわば「落とす」ような言葉を放置すると、小さなことの積み重ねで、子どもや保護者を「下」に見る組織風土・学校文化が簡単に根付いてしまいます。

「今日は、子どもを泣かせてやった」などと武勇伝のように教師が語るとき、その言葉の裏には「自分は正しい指導をした。やったことは間違っていない」という気持ちが潜んでいます。指導において他の選択肢が多数存在しているにもかかわらず、自分の指導以外を認めようとしない教師は、大抵「自分には自分のやり方がありますか

ら」「自分なりのやり方でいきますから」という言い方をします。

放課後の職員室のコミュニケーションを明るく前向きなものにしたいのであれば、お互いに「もうそこまでにしておこう」「もうやめて」「それ以上はさすがにアウト」とたしなめ合う関係づくりを目指すことが大切です。

職員室内は「傷をなめ合って群れる」ような関係を作る場ではなく、お互いを高め合う「同僚性」を目指す場であってほしいと思います。その日の子どもの素敵な姿がふんだんに語られる職員室にしていきたいものです。

【参考文献】

川上康則『教室マルトリートメント』pp.114-129 東洋館出版社 ２０２２年

良き「習慣」は人生を好転させる

■人は、相手によって態度を変える■

クラスの中には、注意や叱責に対して「なんでオレだけ?!」や「どうして自分ばっかり?!」と不満を口にする子どもがいます。

「なんでオレだけ?!」と反発されると、教師の多くは、子どもの側に問題があって「叱られているのに態度が悪い」「問題を起こしたという自覚がない」「ちっとも反省しようとしていない」などと表現してしまうことが多いようです。

しかし実際には、大人側に「どうして自分ばかり……」と子どもに感じさせてしまっている〝何か〟があります。その〝何か〟を探っていきましょう。

（1）子どものマイナスな行動ばかりが目についてしまう

人にはもともと、相手や周囲の状況に対して、プラスの行動よりもマイナスの行動のほうに着目してしまうという特性が備わっています。

この特性を「ネガティビティバイアス（negativity bias）」と言います。人はポジティブな情報よりも、ネガティブな情報に注意を向けやすい性質を持つということを表す心理学の用語です。自分が不利な条件に巻き込まれたり危機的な状況に陥ったりするのを避けるための認知バイアスの一つであり、いわば身を守ろうとする動物の本能の名残だと考えられています。

教師にとっての不利・危機的状況の代表格は「学級崩壊」です。日ごろから、子どもの反発や拒否に不安を感じていたり、学級の規律が乱れることに強い危機感を感じていたりすると、どうしても、この状況を早く解決したいという気持ちが強くなります。

こうした悪循環は早く断ち切る必要があります。相手のマイナス面に着目しがちなところを見直し、プラス面に着目する「習慣」を作っていくことが大切です。

（2）他の子どもの場合は許せることも、その子のことは許せなくなっている

その子どもの過去の過ちを大人側が許せていなかったり、忘れられなかったりすると、こうした事態に陥りやすくなります。

特に、過去のその子の行動を引き合いに出しながら、「そういえば、この前も……」「いつもいつも、あなたは……」などのような発言が思わず口をついて出てくるようなことがあれば要注意です。ネガティビティバイアスは、記憶にも大きく影響するからです。

人の記憶には、幸福な思い出よりも、辛《つら》い経験のほうが鮮明に記憶される傾向があります。知らず知らずのうちに、本当にその子ばかりを叱り続けているかもしれません。そして次第に、「この子さえいなければクラスは落ち着くのに……」という気持ちも強くなっていくことがあります。

子どものほうも「先生から叱られ続けている」と感じてしまうと、次第にクラスの中で肩身が狭い状況になります。そして「どうせ叱られたり、無視されたりするのだから」と「他責（誰かのせいにする）・否認（自分には非がないことを強調する）・攻撃（謝罪を求められそうになると逆ギレする）」などの行動が以前にも増して強くなっ

ていきます。

知らず知らずのうちに過去の記憶にとらわれているようなところはないでしょうか。こうした事態を防ぐためには、気持ちの切り替えのタイミングを早くしていく「習慣」が大切です。

（3）「信じられる・頼られる・慕われる・親しまれる・敬われる」の要素が欠けている

子ども自身が「変わりたい」という意欲を抱くのはどのようなときでしょうか。

それはきっと、懐の大きな教師から温かい言葉をかけられたときでしょう。見直すべきは、子どもの態度ではなく、信頼に足る教師であるかどうかです。普段から公正な姿勢を示し、子どもたちから親しまれ、周囲から慕われる存在であれば、子どもの納得度も変わります。

温かな眼差しを子どもに向ける「習慣」を作りましょう。子どもたちは、そんな大人の姿をよく見ています。

■習慣とは、継続によって作ることができる「第二の天性」■

相手のプラス面に着目する習慣、気持ちの切り替えを早くする習慣、温かな眼差しを子どもに向ける習慣……。ここでのキーワードは「習慣」です。

習慣は、「学習によって後天的に獲得され、反復によって固定化された個人の行動様式」であると定義することができます。当然のことながら、今からでも獲得できるものですし、日ごろから繰り返し取り組み続けることによって、「している」という状態がやがて「するのが自然」な状態へと移行していきます。

習慣には、良い習慣と悪しき習慣があります。良い習慣は、子どもとの良好な関係を保ちます。指導の行き詰まりを回避し、前向きな気持ちで教壇に立つことを後押しします。その一方で、悪しき習慣は、子どもとの関係に陰を落とし、毒として働きます。

村山昇氏（2018）は、習慣を「第二の天性」と位置づけ、たとえ小さな行動であっても、長い間積み重ねることで、あたかも生まれつきもっていたかのような特性として固まっていくと述べています。そして、図に示されるように、天性と努力の中間に位置し、自分が意識できるものであるけれども、気づかずにいると結果的に生活や人

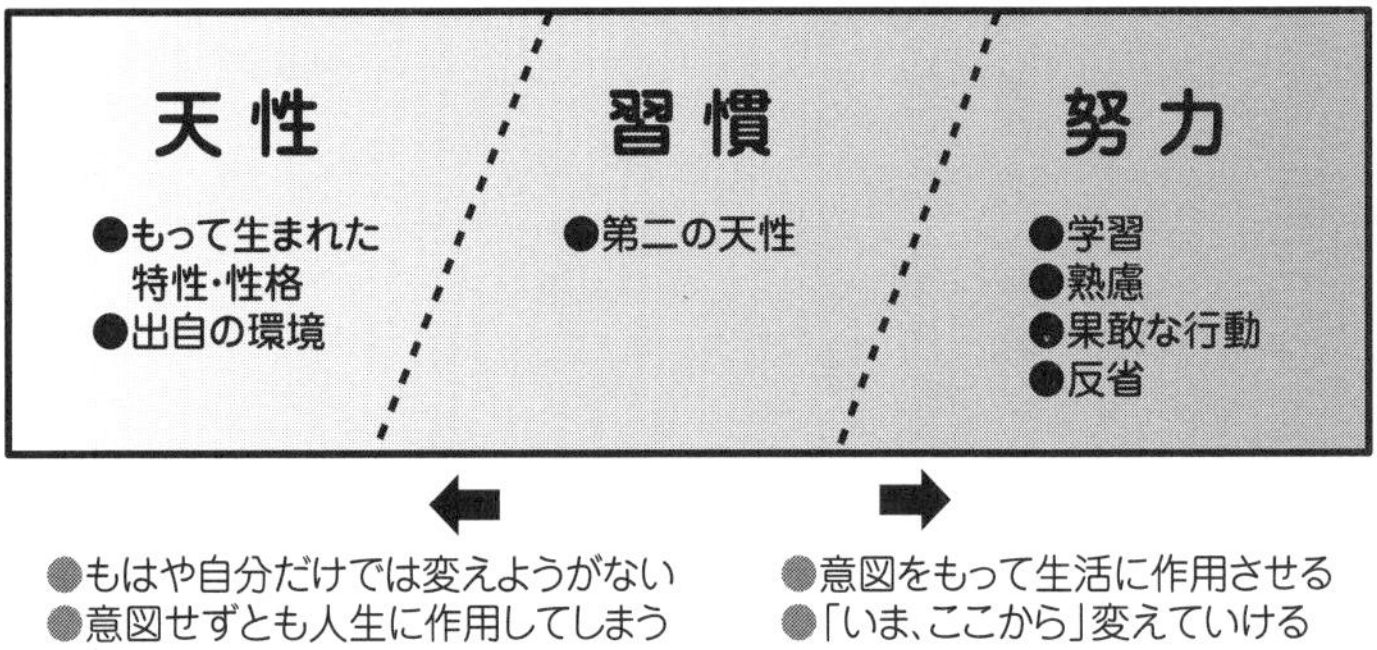

図　習慣は第二の天性になりうる
（村山 2018 を一部改変）

生にまで大きな影響をもたらしてしまうと言います。

習慣は継続によって作ることができる「第二の天性」です。日々繰り返せることにもっと意識を向けて、取り組み続けることによって自分を変えていきたいものです。

【参考文献】
村山昇『働き方の哲学』pp.148-149 ディスカヴァー・トゥエンティワン 2018年

気づけるから見える

教師の資質や能力を語るうえで、最も大切なことの一つは「気づく」ことだと思います。

以前、同じ学年を組んだ教師の一人にこう言われました。「先生、気づいたことがあったら教えてください」

普段の様子と照らし合わせながら、「あぁ、この人は自分で気づこうとはしない人なのだ」と直感的に感じました。そして、誰かに気づいてもらわなければ分からないような人には、そもそも何を言っても伝わらないだろうなとも思いました。

もちろん、その教師は謙虚に学びたいという気持ちを表したかったのだろうと思います。しかし、受け取りようによっては、自分の指導ですら自分事として捉えられない、無責任な姿勢に映ります。

結局、子どもとの関わりの歯車は一年間かみ合いませんでした。保護者もそのことを分かっていて、「来年度もよろしく」と伝えることはありませんでした。

「気づき」は強みです。

時に、気づけるから切ないということもあるかもしれませんし、気づかないから苦しまずに済んでいるということもあるかもしれません。それでも気づける人生を選んだほうがずっといい。

気づくことは、情報の「フック」のようなものです。小さなフックをたくさんもつことができれば、そこに引っ掛かることがたくさん生まれます。

気づく能力を「課題を見つける能力」と表現した人もいました。

気づけるからこそ見える。気づけないから、自分のものにできない。

きっと、そういうことなのだろうと思います。

第2章 歪んだ教育観との対峙

「懲らしめ型指導」に依存していないか

■個々の教師の「信念」の違い■

個々の教師には、それまでの経験から築き上げた「教育的信念」があります。その信念は「子どもの言動をどのように捉えるか」や「自身の指導をどのように俯瞰するか」に大きく影響します。そのため、教師のメンタルケアを論じる際には、その教師がどのような「信念」を築き上げてきたかに着目することが大切だと言えます。

たとえば、「話を聞かない子ども」がいたとします。

「子ども目線に立つ」という信念をもつ教師であれば、「聞かないのは子どものせいではない」と考えるでしょう。そして、「この人の話は聞く価値があるという信頼関係を築こう」とか「伝え方を工夫し、子どもたちが聞きたくなるような授業にしよう」

と状況を前向きに受け入れるとともに、自身の指導を見つめ直す良いきっかけにするはずです。

その一方で、「ルールを守らせる」という信念をもつ教師もいます。話を聞かない子どもに対して、「言うことを聞かない子どもは厳しく叱るべきだ」とか「将来のためにもルールをしっかりと守らせる指導が必要だ」という考え方のもと、自身の指導の正しさを主張し続けるのではないでしょうか。

前者と後者の信念の違いが、メンタル面にもたらす影響の差が極めて大きなものになるであろうことは想像に難くありません。前者がトラブルでさえも前向きに捉え直せるポジティブなメンタルを有する一方で、後者には子どもと向き合う時間の多くがストレスフルになり、自身のネガティブな気持ちをなかなか覆せない状況が続くからです。

特に、後者のような教育的信念の持ち主は、指導が立ち行かないという壁に直面したときに、特定の子どもをターゲットにして「懲らしめる」方向へと向かいます。私は、このような関わりを「懲らしめ型指導」と呼んでいます。

「懲らしめ型指導」の根っこ

懲らしめ型指導の背景には、「試練や苦労や困難を乗り越えなければ人は成長しない」という教師側の人生観や、「自分もその中で育って、今のポジションにたどり着いた」という自身の実際の体験などの影響が多分に含まれています。自分の中に確固たる裏付けがあるため、なかなか揺らぎません。

たしかに、「今、この瞬間は理不尽だと感じていても、いずれ大切なことだと分かってもらえる」のかもしれませんし、「ここで、何も言われなくて将来困るのは子どもなのだから、あえて厳しくすることで二度としないという気持ちになれる」といった親心的な気持ちも理解できなくはありません。

しかし、**懲らしめ型指導の根っこに「相手にネガティブな感情をあえて経験させる」という意図**が潜んでいることだけは忘れてはいけません。怖いのは、相手にネガティブな感情や体験を与えることによって「子どもが言うことを聞くようになった」とか「子どもの行動が良くなった」という成功体験が積み上がってしまうことです。

脳には、快の感情を感じた物事は繰り返しやってみたくなる「報酬系回路」という仕組みがあります（図）。この回路は、成功体験をもとに「もっとやってみよう」という意欲が高まることにつながる一方で、快の気持ちを求めてさらに深みにはまる依存や乱用につながる側面もあります。

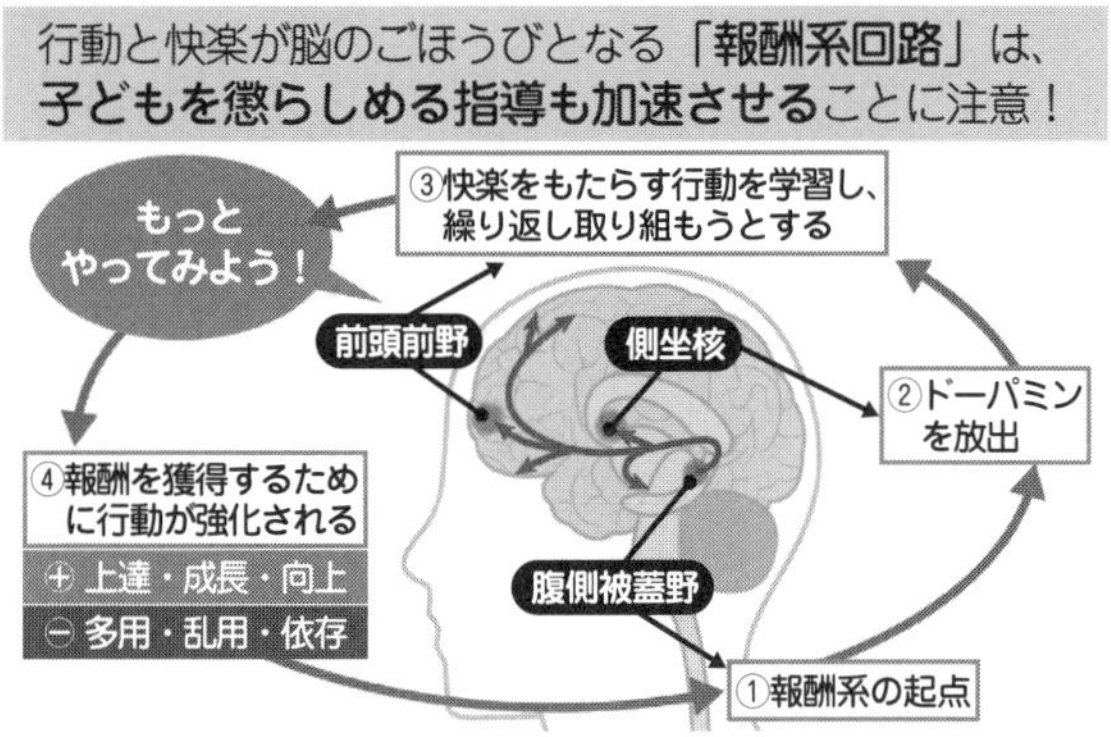

図　「報酬系回路」の仕組み
（川上 2022より）

村中直人氏（2022）は、他者を懲らしめる経験はそれ自体が「快感」になってしまいやすく、大人側が「処罰感情の充足」という無意識の報酬（ご褒美）を得ている危険性が高いと述べています。

教師には、指導という名目で「叱ること」や「懲戒を加えること」が職務上の特性として付与されています。懲らしめ型指導が、「試練や困難を乗り越える」という教育的信念によって正当化されてしまうと、その指導スタイルが一気に加速し、必要以上に多用され、まるで「懲らしめ乱用・懲らしめ依存」とも言えるような状態に陥っていくのです。

こうなってしまうと、少しでも自分の意にそぐわない子どもに対して「叱って正す」「懲らしめて直す」というモードがどんどん加速していきます。

教師のメンタルケア論は、その人の「教育的信念」の問題を抜きにしては語れません。信念そのものを見直す、あるいは覆す作業によって、回復できるメンタルもあると言えそうです。

【参考文献】

村中直人『〈叱る依存〉がとまらない』紀伊国屋書店 2022年
川上康則「子どもたちを輝かせる秘訣」『wutan』Vol.52 2022年度2学期号 NPO法人全国初等教育研究会（イラストも引用）

暴言や汚言への指導の勘違い

「どうしても譲れないライン」は子どもたちも納得の上か

今回は、暴言や汚言を頻繁に出す子どもへの指導について考えます。

「バカ・アホ・カス・ムカつく・ウザい・消えろ・死ね」などの暴言や汚言を聞くと、どうしても強い指導をしたくなってしまいたくなるものです。それは、私たち教師の心の中に「道徳」という判断のものさしがあるからです。その目盛りを振り切った言葉は「言ってはいけない言葉」として脳が受け止めます。その場で指導したくなるのも当然のことかもしれません。

しかし、そこで一歩踏みとどまって「なぜ、この状況でこの言葉を出さざるをえないのか？」と、その子なりの事情を考えてみることが大切です。

実は、暴言や汚言は、「悔しい・苦しい・難しい・もどかしい・うらやましい」などのネガティブな感情の言語化がまだできていない状態であることを示しています。彼らは、本当は「（わたしは）悔しい」「（オレは）もどかしい」などの内面にある苦しさを表現したいのです。

ところが、これらの「ネガティブな感情の語彙」が未形成であるがゆえに、内面にある心情を的確に表現することができません。それゆえ「（あいつ）ムカつく」「（あいつ）消えろ」などのように、矛先が他者に向かうような言葉を使わざるをえないのです。

教室での実際の指導は、その子の表面的な言動に振り回されてはいけません。その子の内面にあるモヤモヤを言語化していくこと、これこそが指導者としての本質的な在り方です。

「暴言や汚言に対して厳しく接する」ことを信条としている教師は、それこそ大きな勘違いに陥っているのですが、その状況にも気づけていません。それどころか「私は間違ったことはしていない」「私は正しいことを指導している」と自分の価値観を一層強固にしているケースも見られます。これを「正常性バイアス」と言います。

■子どもの事情を踏まえない指導は、教師のメンタルを悪化させる■

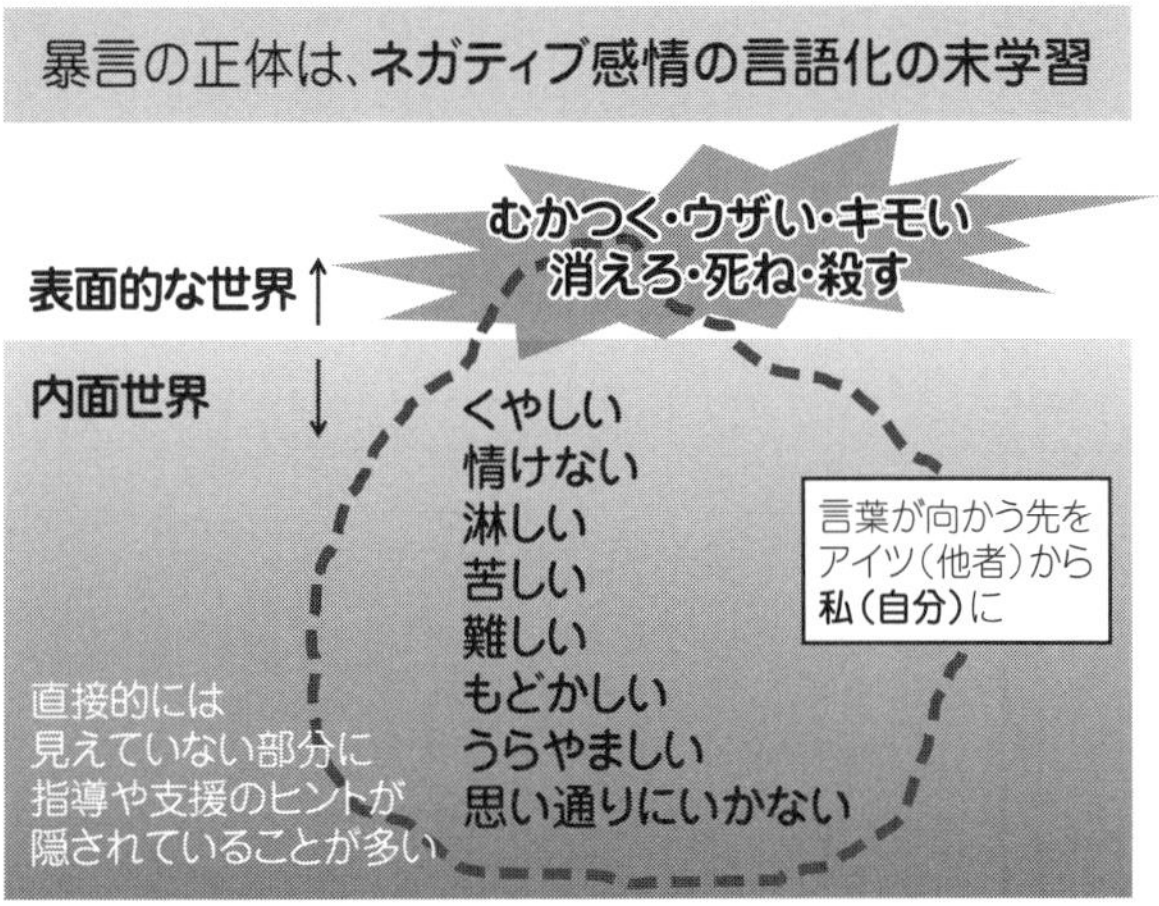

図　氷山モデル

子どもの内面世界を理解する姿勢を「氷山モデル」（図）と呼びます。

図で示すように、暴言や汚言の正体は、実は「ネガティブ感情の言語化の未学習」です。「楽しい・嬉しい・美味しい」といったポジティブ感情の語彙は形成されるのが容易な一方で、「もどかしい・切ない・心がざわつく・苦しい」などのネガティブ感情の語彙は形成されるのに時間がかかります。

そうした事情を踏まえずに、ただ叱責したり、反省を求めたり、謝罪させたりするような上からの指導は、まったく効果がありません。それどころか、かえって「この先生はオレの気持ちを理解しようとしない」といった子ども側の反発や不信感を増長させることにつながります。彼らが求めているのは「上から」の指導ではありません。「横から」の寄り添いです。教師―子どもの間にある「権威の勾配」の角度をグーッと下げて、内面の言語化を手伝うような言葉かけにするのがポイントです。

「ムカつくって言いたいくらい、悔しかったんだよな」
「死ねって言いたいくらい、もどかしかったね」
「殺すっていう言葉が出るくらい、苦しかったよね」

こう語りかけることで、「他者（あいつ）」に向かっていたトゲのある言葉から、その感情の向かう先を「自分（わたし）」に変えていくことができます。その子の事情を大切にした指導は、教師への信頼感につながります。教室の中に漂いがちな「ギスギスした空気感」も、このような対応をとることによって未然に防ぐことができます。道徳的な視点での指導（「この言葉は良くなかった。謝罪や反省を通して、次は使わないようにする」という考えに立たせること）は、このような信頼関係（ラポール）が成立した後の話です。

このような話になると、必ずと言ってよいほど「叱れないのは甘すぎる」「そのようなわがままを許していいのか」「その子の将来を考えたら、ここでしっかりと指導すべきだ」といった使命感のようなものを持ち出す方がいます。たしかに使命感は大切だと思いますが、子どもの事情を踏まえない使命感ほど厄介なものはありません。子どもを追い詰め、さらに指導が空回りするため、メンタルケアにもマイナスの影響をもたらします。

自身の指導の正しさを論じる前に、個々の子どもの事情を踏まえることを大切にしていきたいものです。

衝動性の高い子どもへの「五大禁じ手」

■威圧的に抑える指導は逆効果■

クラスには、「思いついたらすぐに行動してしまう」「不適切なふるまいになかなかブレーキがかからない」「新しい刺激があるとすぐにそちらに飛びついてしまう」という子どもがいます。このような特徴は「衝動性」と呼ばれます。

学校現場には、子どもの衝動性をなくすことに躍起になってしまう教師がいます。もちろん、「将来のことを考えて」という思いが心のどこかにあるからこそだと思いますが、短期間で、しかも格段にその子が変わる効果的な教育方法など実際には存在しません。

「そんな子どもは力で抑えるに限る」と締め付けるような指導を強権的に発動する

〝鬼軍曹〟タイプの教師もいます。実は、このようなやり方はその場・その瞬間だけなら何とかうまくいってしまうところがあります。というのも、衝動性の高い子どもの特性の一つに、「**刺激依存性（周囲の刺激に振り回される傾向が強いこと）**」があるからです。その先生がいるときだけはまるで、なりをひそめたかのごとく、おとなしくなることが実際にはありえます。

しかし、「おとなしくなったから、次の年は若手や病休明けの教員が担任でも大丈夫だろう」とみなしてしまうと大変です。翌年度は、反動がついたかのごとく衝動性が一層強くなり、結果として大人が振り回されます。そしてこのことがまた、「やっぱり強い指導でないとうまくいかないのだ」といった大人の誤謬《ごびゅう》（根拠や論拠が曖昧で誤った解釈をしていること）を強化してしまうことにつながります。

一部の学校では、いまだに「子どもたちを力でねじ伏せるように従わせ、指示通りに動かせる教師」を「できる教師」とか「指導力のある教師」とみなす、とても残念な傾向が残っています。このやり方は、表面的には静かなクラスを作りますが、その一方でクラスの子どもたちのストレスが増大させます。教室が、子どもたちにとって非常に居心地の悪い空間になるため、ストレスに耐え切れない子どもたちの不登校や、ストレス解消を試みるためのいじめなどといった、あらたな問題が浮き彫りになっていきます。

■指導の「五大禁じ手」とは■

では、衝動性が高い子どもにはどのように関わればよいのでしょうか。

ポイントは「どのように関わるのか」を考える以前に、「何をしてはまずいのか」を十分に理解することです。

格闘技などで用いられる「禁じ手」という言葉があります。これは、攻撃力・破壊力が大きすぎるため、正当な関わりとして認められない行動のことを言います。衝動性の高い子どもへの指導においては五つの禁じ手があります。

(1) 権威勾配を用いた上からの指導

教師―子どもの権威勾配を利用した指導は、まずうまくいきません。彼らが求めているのは上からの指導ではなく横からの伴走者的な関わりです。嘘をついたり、ごまかしたりしようとした時には「そうしたくなる気持ちも分かるよ」というアプローチが大切です。

（2）取り締まり型の指導

「今日は何もしてないだろうな！」という警察官の取り締まりタイプの対応は、「どうせオレが悪いんだろう」「オレのことを疑っているんだろう」という気持ちにさせ、子どもの素直さを失わせていきます。子どもを信じ、応援する姿勢を保つようにします。

（3）頭ごなしに叱る

子どもの事情を踏まえない叱責は、大人への不信感を増大させます。普段から、子どもの話にしっかりと耳を傾け、どの子にも公正な立場で関わるようにしましょう。子どもの納得感を大切にしなければ賞賛も叱責も効果を発揮しません。

（4）監視と押さえつけ

監視役の大人（たとえば支援員や保護者など）をそばにつけたり、気持ちを考えずに廊下に連れ出したり、行動を無理に押さえつけたりすると、子どもの苛立ちを助長し、さらに行動が過激化することがあります。

(5) ルールで縛る

「○○しない」というルールを設定されることが多いようですが、これはかえって逆効果です。その多くはなかなか守ることが難しく、くわえて守られないときに「ルールを破った」とか「ルール違反をした」と言われることが増えてしまいます。

家庭のせいにするのは避ける

最も避けたいのは、校内での対応のしきれなさを家庭のせいにすることです。

「こんなに迷惑をかけているのだから、保護者が学校でも付き添ってください」と監視役になるように告げたり、放課後に電話で「今日もこんなことをしでかしました。家でしっかり言い聞かせてください」と伝えたりするのが最も劣悪なパターンです。

これらの関わりを繰り返すと、やがて保護者の疲弊感や徒労感が強くなり、「もっと言い聞かせなくちゃ」という気持ちから子どもを追い込んだり、「もう夕方の電話は怖くて出られない」という気持ちを強くしたりします。ひいては、学校への強い不信感を抱くことにもなりかねません。

教師側が関わり方の答えをもっていないのに、ただ単に「そばについて」「言い聞かせて」と繰り返し伝えるのは、指導の丸投げにすぎません。保護者とその子どもを追い詰めているだけの関わりは、今すぐにやめなければなりません。

衝動性は、すぐには治まりません。良質なコミュニケーションを土台として、長年かけて少しずつ落ち着いていくものです。大切なのは、長期的な視点に立つことです。「なかなか変われないけれども、変わろうとする気持ちになっている」という姿を応援する教師の存在こそが真のアプローチなのだ、と声を大にして伝えたいところです。

【参考文献】

川上康則『子どもの心の受け止め方　発達につまずきのある子を伸ばすヒント』pp.46-48　光村図書　２０２０年

権威勾配

権威勾配の存在に目を向ける

「権威勾配（authoritative gradient）」という言葉があります（図）。もともとは航空業界の用語で、コクピット内の「機長」と「副操縦士」との関係性を語るときに使われていました。飛行機の操縦の際に、立場が上の者（上位者）が、立場が下の者（下位者）に対して絶対的な「権威」を振りかざしていると、下位者がミスやエラーに気づいていても発言できないため、大きな事故が起きてしまうというのです。その戒めの言葉として生まれました。

権威勾配は、「上の立場」と「下の立場」がいる場であれば必ず生まれます。

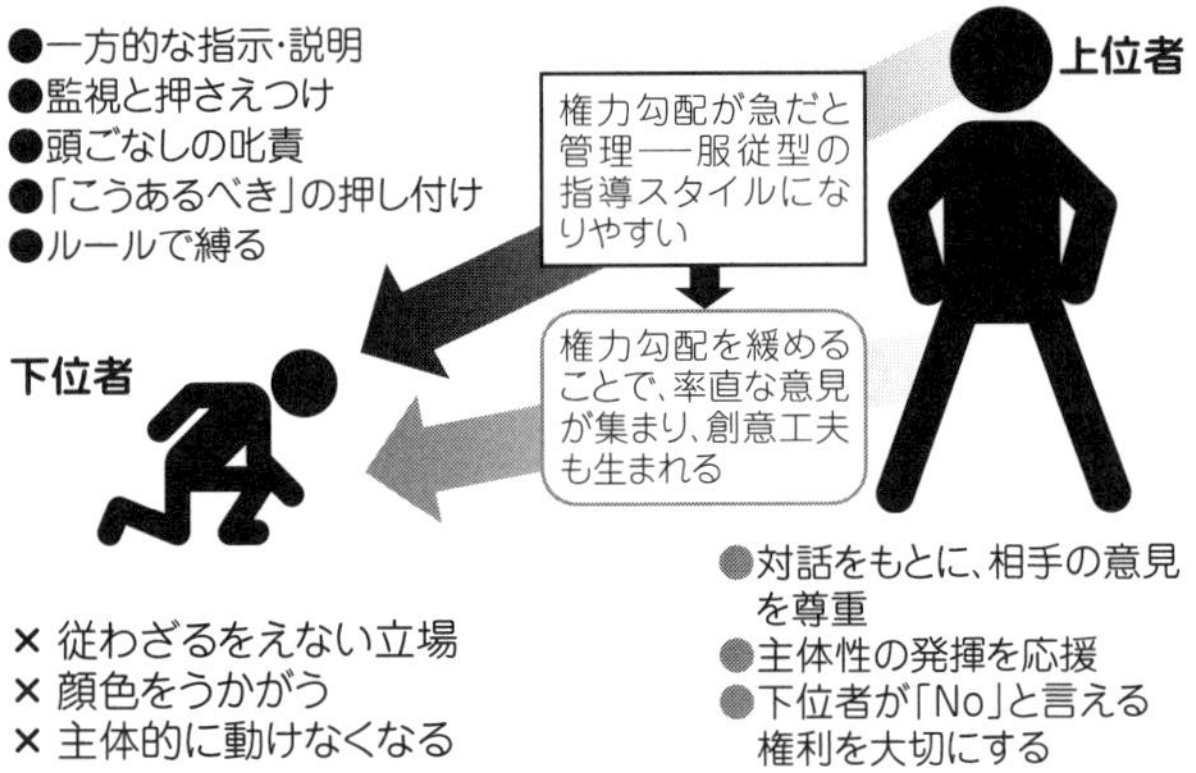

図　権威勾配（authoritative gradient）

▼スポーツ指導の「指導者─競技者」の関係
▼部活動の「先輩─後輩」の関係
▼家庭での「親─子」の関係
▼職場では「上位職位者─下位職位者」の関係
▼教育現場においては「教育行政─学校」の関係
▼教室の中の「教師─児童・生徒」の関係

など……の間に、必ず存在します。

その勾配の角度が急になると、管理・服従型の指導スタイルになりやすく、上位者は独裁者、暴君、ワンマン社長のような位置づけになります。その特徴として、①一方的な指示・説明、②監視と押さえつけに似た雰囲気、③事情を聞かない頭ごなしの叱責、④「こうあるべき」の押しつけ、⑤さまざまなルールで縛る、などが挙げられます。

このような状況のもとでは、下位者は従わざるをえない立場になります。常に上位者の顔色をうかがって行動しなければならず、主体的に動こうとする意欲がどんどん削がれていきます。

■権威勾配による負の影響■

過去の歴史において、独裁者のもとでそれに怯える民衆の苦しみが幾度となく語られ、国や組織が衰退していったことを学んできたはずなのに、学校教育現場ではいまだにこの権威勾配に頼った関わりが続けられていると言っても過言ではありません。

威圧的な雰囲気で子どもたちを縛り、一見静かにも見えるクラスが「統率力が高い」と勘違いされていることはないでしょうか。あるいは、理不尽な校則やルール、「内申点に影響するぞ」といった脅しなどで子どもたちをコントロールしている教師がいないでしょうか。

では、静かに黙って過ごしている子どもたちは、この状況をどのように受け止めているのでしょう。以下のようなことが考えられます。

（1）「この状況の下では、従順に従うしかない」という過剰適応の状況に追い込まれてしまう

（2）「無理して通うところではない」と受け止め、学校に期待感をもてない状況に至り、不登校や部分登校を続けるようになってしまう

（3）「上位者（大人・上位者・為政者）というのは、基本的に信頼できないものなのだ」という不信感を積み重ねてしまう

（4）「自分（たち）には、このような状況を変えていける力はないのだ」という自分自身に向けた無力感を強くしてしまう

権威勾配の怖いところは、上位者が何も言わせない雰囲気を醸し出すため、「自分は正しい」という認知バイアスが強くなっていく傾向があるところです。しかも、負の連鎖の構造になっていて、最上位者から受けた権威の強さを、中間層はさらに下の者に使っていくという特徴もあります。スポーツの指導者が暴力・暴言を用いると、

競技者たちも互いの上下関係を利用した体罰が行われるという事例は、いまだに後を絶ちません。

権威勾配の角度を緩める

今、学校現場に必要なのは、あらゆるタイプの権威勾配の角度を緩めることです。「上が言えば下は聞く」的な上意下達の雰囲気は、さまざまな人のメンタルに好ましくない影響をもたらしています。

そのためには、対話を進めながら、相手の意見を尊重する組織風土を作る必要があります。具体的に言えば、下位者が「No（できません、やれません、無理です）」と言える権利を大切にし、上位者から歩み寄っていく姿勢を明らかにすることです。そうでなければ、学校は、健全で安心できる場にはなりません。

そのように考えていくと、教育委員会から発出される「協力の依頼」という名の強制も権威勾配の一例だと言えるのではないでしょうか。せめて「提出は任意です」「あくまでも協力してほしいというお願いですので、Noと言えます」「提出がなくてもペナルティはありません」と記載する必要があります。そもそも、その協力をお願いしないと成り立たないのであれば、それをなくすことから考えていくべきです。

「上が言えば下は必ず聞く」という悪しき文化は、実は着実に継承されています。それでも、そこに防波堤になれる管理職や現場の教師がいればなんとか救われます。そうでなければ、最終的に苦しむのは子どもたちなのです。

教師が権威に固執する理由

権威勾配とヒドゥンカリキュラム

前節（60ページ）で「権威勾配」について触れました。

権威勾配を利用した関わりは、クラスの中のネガティブなヒドゥンカリキュラム（The Hidden Curriculum）を増長させます。ヒドゥンカリキュラムとは、その学校や学級に潜在的に漂う雰囲気やその場の空気感など、教師が意図する・しないに関わらず、学校生活の中で子どもが自ら学び取っていく全ての事柄を指す言葉です。

権威勾配の角度がきつい指導は子どもの主体性をことごとく奪っていきます。子どもたちは、「叱られたくない」「責められたくない」という気持ちが強くなり、問題となる行動は一時的に減りますが、教師の顔色をうかがいながらでないと行動できなくなるため、良い行動も「許可を得てから」でないと発揮できなくなります。その代わりに、クラスメイトのマイナス点の告発が増えます。懲らしめの連鎖が生まれ、「先生、Aくんがまた××しています」「先生、Bさんが今日も××できていません」といったネガティブな報告が増えていきます。お互いの弱点のあぶり出しや、ミスやエラーを許さない雰囲気のある学級には集団効力感（互いに高め合う・支え合う・認め合う等）が生まれません。学級経営の危険水域に達していると言っても過言ではないでしょう。

教師が権威に固執する理由

しかし、「権威勾配に頼るのはよろしくない」と頭では認めているつもりでも、学校現場ではなかなかそれを緩めることができないという事情があります。

その理由は以下の3点に集約されます。

(1) ナメられたくない

教師が権威に固執する最も強い理由は、子どもたちから「ナメられたくない」です。

高圧的・威圧的な指導スタイルの教師は、よく周囲に「そんなことではナメられる」「だからナメられるんだ」と話します。また、甘い—厳しいという対立軸で指導を語ることが多く、「○○先生は甘すぎる」「そこで厳しくできないから子どもがつけあがる」「叱れない教師は力がない」というような発言も頻繁に見られます。このような教師にとって、子どもは絶対的な下位者であり、大人をナメるような態度は自身の権威を脅かす存在としてみなします。

圧の強い教師の心の根底には「子どもからナメられることは教師にとって恥ずかしいことである」という基本認識が根付いてしまっています。別の角度から見れば、「子どもたちからナメられることへの不安が相当に強い状態である」とも言えます。もしかしたら、「子どもにナメられてはいけない」という発言は、不安と隣り合わせにいる自分をなんとか正当化したいという気持ちの裏返しなのかもしれません。

(2) 恥をかきたくない

二つ目は、心に秘めた「恥をかきたくない」というものです。

人は、うまくいかない時に「恥ずかしい」という気持ちを抱きます。「恥ずかしさ」

には外面的なものと内面的なものがあります。

まず、外面的な恥ずかしさは「自分は周囲からこう見られたい」という他者視線を意識するときに生まれます。研究授業や授業参観、運動会や発表会などはその代表例です。他者の視線が集まるだけでなく、日ごろの指導の成果も問われます。「自分が恥をかく姿を他者に見られたくない」という上位者ほど、下位者への当たりは厳しくなります。

教室でも同じです。怒鳴り声や恫喝、特定の子どもをつるし上げにするといった指導が行われる背景には、「(上位者である私が) 恥をかかされた」という気持ちがあります。やがてその指導は「正義(正しい指導)」と大きく曲解され、習慣化していきます。スポーツ指導者の体罰もこの延長線上にあると言えるでしょう。

もう一つの内面的な恥ずかしさは、「自分はかくあるべし」という美学がある人ほど強くなります。「教師たるもの」とか「いい教師でありたい」という自己に込めた期待に達していない場合、「こんなみじめな気持ちではいられない」という気持ちが強く働くようになります。これが自らの権威に固執する原因になっていきます。

（3）時間をかけたくない

三つ目の理由は近年ものすごく強くなってきたもので、「時間をかけたくない」です。「もめ事を抱えたくない」と表現してもよいかもしれません。

２０１５（平成27）年、教員の長時間労働問題がクローズアップされたことで各学校への「業務改善の取組状況調査」が開始され、「ワークライフバランス」や「校長のリーダーシップ」が現場に強く求められるようになりました。この調査は、２０１８（平成30）年からは「働き方改革のための取組状況調査」と名前を変えて実施され、教師の働き方改革を求める動きが一気に加速しました。

ところがどうでしょうか。退勤時間を早めることばかりが進められ、削減するべき業務が一向に削減されないまま今日に至ります。これでは「やっつけ仕事」が増えるだけです。結果的に、削減されたのは「子どもたちとの良質なコミュニケーションを確保する時間」や「子どものことを理解し合うための職員間の対話の時間」だ、というのが学校現場の本音でしょう。こうなってしまうと、「とにかく余計なことには時間をかけたくない」「ハプニングやトラブルは最小限にしたい」「予定した通りに授業を進めたい」という気持ちが強まっていきます。

働き方改革が、教師の権威勾配を強める結果となってしまうなどということは想像すらできなかったことです。しかし、現実に不登校の児童生徒数は、２０１５（平成27）年度を境にそれ以前と比べて増加率が急上昇しており、２０２２（令和４）年には24万５千人に達してしまいました。

教師にとっても、子どもたちにとっても、今、学校が息苦しくてしんどい場になっているのは疑う余地もないでしょう。

「時間をかけたくない」がもたらす影響

■働き方改革で削減されたのは、業務ではなくコミュニケーション■

前節（66ページ）でも触れましたが、近年、学校関係者の間でものすごく強くなってきた感情の一つが「時間をかけたくない」です。「もめ事を抱えたくない」と表現してもよいかもしれません。

2015（平成27）年、教員の長時間労働問題がクローズアップされたことから、各学校への「業務改善の取組状況調査」が開始され、「ワークライフバランス」や「校長のリーダーシップ」が現場に強く求められるようになりました。この調査は、2018（平成30）年からは「働き方改革のための取組状況調査」と名前を変えて実施され、教師の働き方改革を求める動きが一気に加速しています。

このことによって、たしかに校内にとどまって仕事をする時間は減りました。しかし、削減すべき業務は一向に削減されていません。教師の心の中に芽生えた「とにかく余計なことには時間をかけたくない」「ハプニングやトラブルは最小限にしたい」「予定した通りに授業を進めたい」という気持ちはどんどん強まっていきます。

結果的に「やっつけ仕事」が増えていると感じるのは筆者だけでしょうか。やっつけ仕事とは、「その場を間に合わせるために仕上がりが雑で荒っぽくなること」を言います。校内で、子どもからの深刻そうな相談ごとに対して「後でね」と先送りにしたり、学級で問題が起きないように権威勾配を強めて威圧的に厳しく管理したり、推敲されていない文章で文字数だけを適当に埋めて子どもに関わる文書を完成させたりといったことは見られないでしょうか。

結局、働き方改革で削減されたのは「子どもたちとの良質なコミュニケーションを確保する時間」や「子どものことを理解し合うための職員間の何気ない対話の時間」ばかりだったというのが学校現場の本音でしょう。

２０１５年を境に不登校の増加率が急上昇

押しつけの働き方改革は、巡り巡って教師の権威勾配を強める結果となってしまいました。筆者の世代では、そんな権威を振りかざす教師に対して子どもが強く反発したり、対立の構図を生み出したりするような雰囲気もありましたが、今の子どもたちはそういうやり方ではなく「離脱」という方法を選択します。

内田良氏（2023）は、「時代は変わった。子どもは、他者を攻撃するのではなく、自分が学校やこの世から離脱することを選択する」と述べています。現実に、不登校の状態にある児童生徒数は２０２１（令和３）年度に約24万５千人に達しましたし、２０２２（令和４）年の小中学生の自殺者も５１２人と過去最多の状況になっています。学校からの離脱が不登校であり、この世からの離脱が自死を選択することだと言うのです。

図は、不登校の児童生徒数の推移を示すものです。筆者は、２０１５年を境にして、増加率が一気に増加しているところに着目しています。

１９９８年から２０１５年までの不登校児童生徒数の増加率は、年平均０・３％でした。それが、２０１５年以降は年平均１３・０％の増加率で増え続けているのです。このようなエビデンスをもとに確実に言えることは、働き方改革が言われ始めて以来、学校現場はますます苦しい状況に追い込まれていったということです。本来大切に守るべきものであった「校内の良質なコミュニケーション」を手放さざるをえなかった結果が、ここに反映されていると言えるのではないでしょうか。

「離脱」は、私たち教師の間にも広がっています。「定年退職ま

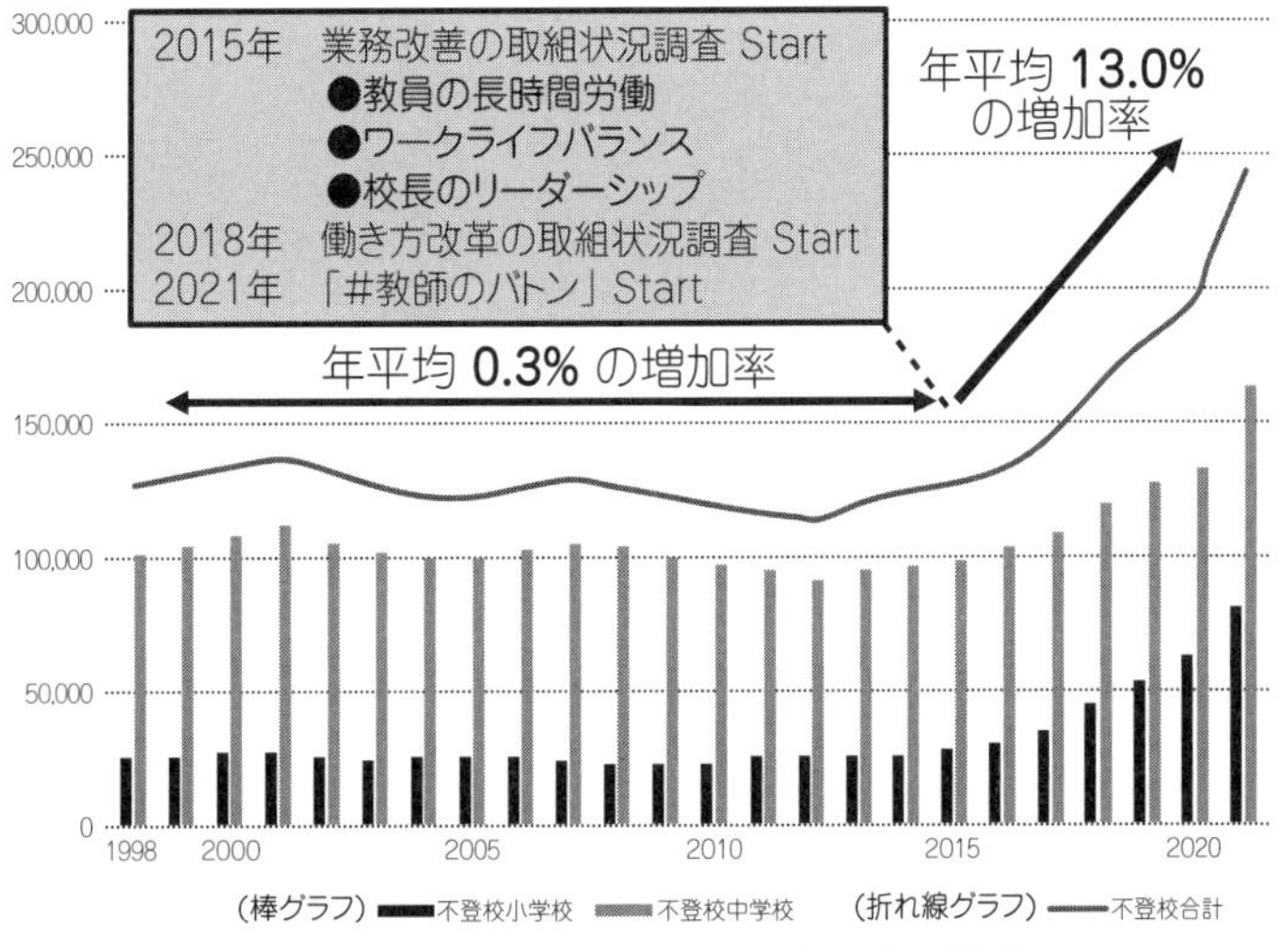

図　不登校の児童生徒数と年増加率の推移

※不登校の定義の変化により、各年の数値も変化している

で勤めたい」と語っていた同僚が「もう疲れた」と言って離職を選びました。初任者の教師たちは「時間が足りなくて本当に必要なことにまったく手が回らない」と話します。教師のなり手が少ないという昨今の教員採用の事情も、受験資格をもつ人たちが「離脱」を選択した結果だと言っても過言ではないでしょう。

■「離脱」を防ぐには、徹底的な不要業務の洗い出し■

学校の本来業務は「子どもの発達と成長」です。そのために、最も優先順位が高く、まず死守しなければならないのが「教師の笑顔と良質なコミュニケーション」です。それを失わせようとする方向に向かうものは全て「働き方改革」の旗を降ろすことから考えていきたいものです。失ってからでは、もはや対応すらできなくなります。

働き方改革の本丸は、不要業務を徹底的に洗い出すことです。子どもの姿が変わってきているのに、学校現場には、いまだに残っている不要な業務が山積しています。子どもたちにとって良かれと思って行われていることの中にも、実際に個々の子どもの実態を鑑みたときにはやはり不要だと思えるものがたくさんあるはずです。

【引用文献】

内田良「生徒を信じるということ」『月刊生徒指導』２０２３年４月号 pp.18-21 学事出版
２０２３年

残《ざん》滓《し》

世の中には、実態が変わったのに、意識は全く変わっていないというものがたくさんあります。

教育現場も、今にして「労働環境」の部分にようやく目が向けられるようになってきたものの、「教師の意識」については変わらない部分が多く残っています。

職員室で経験の浅い教師が「あの親は◯◯だからね、どうしようもないよ」と訳知り顔で意気揚々と話す姿を見たときに、いまだ変わらない深い闇、またはしつこい残滓のようなものを感じました。

残滓。容器の隅に残った食べかす、液体を漉した後の残りかすのことを言います。その様子から「前時代の名残」を表すたとえとしても使われます。

「自分こそがこの世界の主役であり、自分が考えることや行うことは全て正しい」という思い込みへの戒めとして「学級王国」という言葉が使われるようになり、久しくなります。

「指導」が主役になってしまうと、子どもやその家族がそれまで大切にしてきたことや、これまで得てきたもの、失ってきたもの、困難を乗り越えてきた術《すべ》や知恵などが、すべて置き去りにされます。

そのことで、悔しさや辛《つら》さや、中には「自分の至らなさ」を自罰的に感じて苦しむ子どもや保護者が、この世の中に一体どれだけいることか。

大切なのは、己の価値観だけを絶対視しないこと、そして「相手の生き方に対する感性の純度を磨く」という意識をもつことだと思います。

第3章 教育現場の息苦しさにおける葛藤

「あるべき姿」という呪い

■一生懸命な人ほど苦しい■

本来は、子ども思いのとても温かい先生なのに、時々、子どもの行動がどうしても許せなくなり怒鳴ってしまう人がいます。

そんな先生のほとんどが、頭では「感情的になるのは良くない」と分かっているつもりなのに、「もういい加減にしてよ」という気持ちが積み重なり、我慢できずについ大きな声を出してしまうと言います。そして冷静になると「しまった。またやってしまった」とか「ごめんね。もっとあなたに寄り添うはずだったのに」という気持ちが急に襲ってくるとも本音を漏らします。さらに「あ〜、このままじゃダメだ」と自分を否定する気持ちにも悩まされると話してくれます。

一生懸命だからこそ、いたらなさやもどかしさから自分を責めるようなジレンマに陥ってしまう……。一生懸命な人ほど、苦しいのです。

「あるべき姿」という呪い

そんな先生たちの背景には必ず「焦り」があります。

人の焦りは、「現状」と「こうあるべき」という期待とのギャップによって生じます。具体的には、以下の３つのシチュエーションです。

(1) 今の自分が、理想とする自分に達していない
(2) 目の前の状況が、目指したい状況に届いていない
(3) あるがままの姿が、あるべき姿と程遠く感じられる

これらの場面に共通する特徴は、「目の前の状況」と「目指したい状況」の間に開きがあるということです。落差が大きければ大きいほど、今の状況に対してますます「足りてない」という焦りが生じます。現状を「足りていない」「満たされていない」「届

いていない」ものとして認識してしまうことで、その現実を突き付けられたときに「焦り」が生み出されるのです。

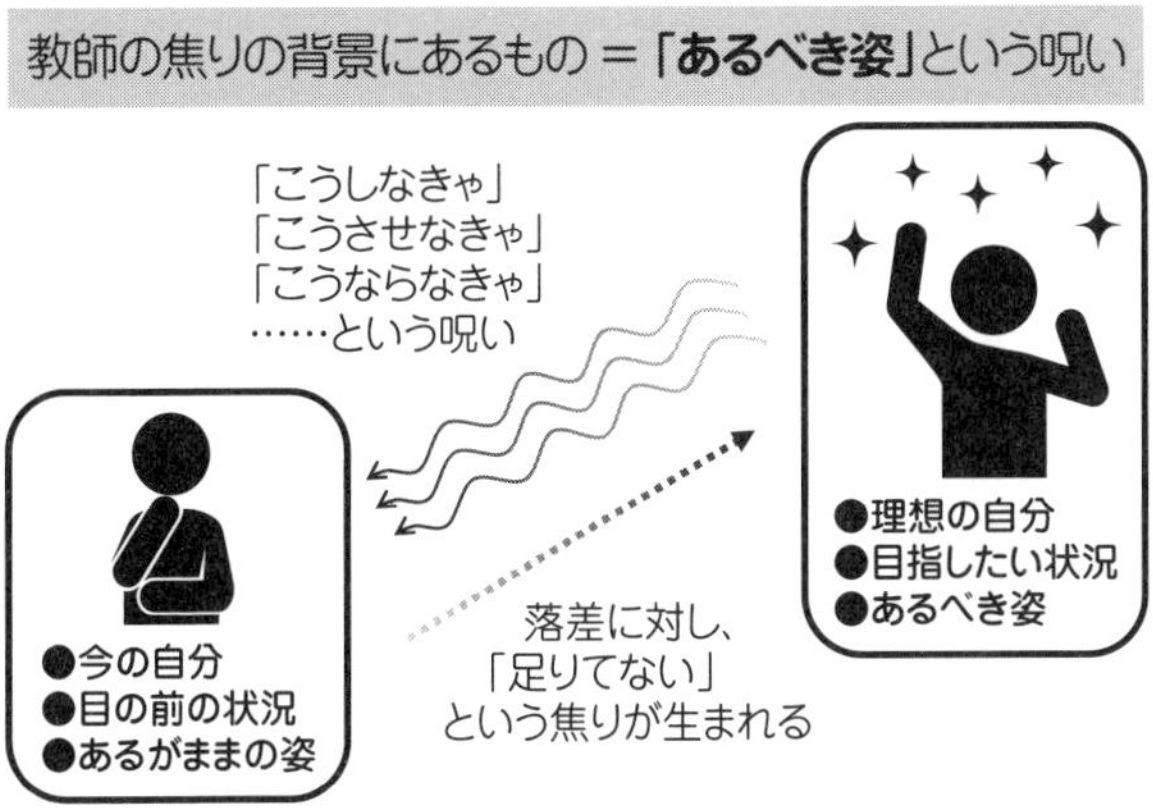

図　「あるべき姿」という呪い
（中川 2021 を参考に）

そして、落差を埋めようとするために、「こうしなきゃ」「こうさせなきゃ」「こうならなきゃ」「こうあらねば」という気持ちが一層強くなります。

コピーライターの中川諒氏（2021）は、この落差に対して生まれる感情を「あるべき姿の呪い」（図）と呼んでいます。また、同様の状況を赤木和重氏（2021）は「〝ちゃんと〟のノロイ」と呼んでいます。

学校現場には「こうあるべき」や「ちゃんとさせなきゃ」という空気感が常に漂っています。特に、授業参観や研究授業、運動会などの発表の場においてはある程度の

「見栄え」を意識せざるをえないがゆえに、教師側が「こうでなければ」や「ちゃんとする」といった呪縛にとらわれる場面が多くなります。運動会の練習の際に、熱心さを通り越して子どもたちを精神的に追い込むような指導が行われていることはありませんか？こうした光景は「あるべき姿」にとらわれがちな教師の焦りから生まれます。

前出の赤木氏は、「ちゃんとしなきゃ」「ちゃんとさせなきゃ」という気持ちは次第に過剰になり、いつの間にか「正義」となり、充満して「呪い」に化けると言います。「正義」とは、「私の指導は正しい」「私の指導は間違っていない」という言い方で自身の指導を正当化する気持ちにつながります。ところが、「正しい指導なのだから」だという一方的な思い込みがまた、大人自身を追い詰め、子どもも追い込んでいきます。「ちゃんと」という思いが必要以上に溢れたとき、学校生活で本来大切にされなければならない「気持ちよく過ごす」ことが削げ落ちていきます。こうして、「穏やかな関係性」や「安心できる場の機能」までもが失われていくのです。

呪縛から解き放たれることを目指す

「メンタルケア」というテーマだと、どうしても「ストレスチェック」や「カウンセリング」などの方向に話題が流れがちです。精神疾患などの特殊なケースが対象であり、多くの先生は「自分には必要ない」と捉えている節があります。

しかし、本来のメンタルケアの問題は極めて日常的なものであり、日々の指導で誰しもが直面する「心の揺れ」と常に隣り合わせにあるものです。先生たちに常に付きまといがちな「焦り」の問題を解決したいのであれば、「こうあるべきの呪縛」から解き放たれる必要があります。

もしかしたら、「足りてない」という焦りを先生たちにもたらしているのは、子どもたちではなく、教育行政や管理職などのマネジメント層のほうかもしれません。「学校とはこうあるべき」「○年生ならこうあるべき」「うちの自治体は○○が足りてない」などにとらわれていませんか?

大切なのは「とらわれない、とらわれない」と言い聞かせてくれる他者の存在です。管理職からの「大丈夫、とらわれなくていい」という一言が校内の全ての先生たちに伝わった瞬間から、きっと学校は温かく心地よい空気感で包まれるはずです。

【参考文献】

中川諒『いくつになっても恥をかける人になる』ディスカヴァー・トゥエンティワン　２０２１年
赤木和重『子育てのノロイをほぐしましょう　発達障害の子どもに学ぶ』日本評論社　２０２１年

ストレスチェックの項目が与える影響

ストレスチェックの項目が与える影響

日本では、労働安全衛生法（平成27年12月1日施行）によって事業者に「ストレスチェック制度」が義務づけられています。ストレスチェックには、労働者のメンタルヘルス不調を未然に防止し、労働者自身のストレスへの気づきを促すという一次予防的な目的があります。学校現場でも、毎年1学期が終わる7月ごろにチェックリストに記入し提出するというところが多いようです。

ところで、このチェックリストの項目を細かくご覧になったことはありますか？ある自治体で行われているチェックリストの中には、以下のような項目がありました。

●学習指導についてこられない児童生徒への対応に苦慮する
●授業態度が悪い児童生徒に翻弄される
●問題のある児童生徒がいても十分に対応できる

もし、これらの項目が設問として設定されていること自体に「違和感」を感じないとしたら、教師のメンタルヘルス問題は根本的な解決をみないと思います。

「学習指導についてこられない」「授業態度が悪い」「問題のある児童生徒がいる」といった表現には、教師のメンタルヘルス問題の原因は子ども側にあるという意図が含まれています。場合によっては、これらの表現を見て「あぁ、これをストレスだと感じてよいのか」という解釈に至る人も出てくるでしょう。

もし、子どもが「学習指導についてこられない」のであれば、日常の授業が分かりやすいものになっているかを見直す必要があります。

また、「授業態度が悪い」と感じるのであれば、教師―子ども間の信頼関係が未形成な状態であると認識し、ていねいな関係づくりにシフトしなければなりません。「教師の話は聞くべきもの」という前提があるようなら、マインドセットの再構築という視点からテコ入れしていくことが求められます。

さらに、「問題のある児童生徒」というラベリングが、その子の問題のない部分を見過ごす結果に陥りやすいことも看過できません。問題状況を作っているのは果たして子どもだけでしょうか。現場目線で考えれば、教師側の無理解や誤解、その子の事情を踏まえない一方的な指導などによって問題状況が生み出されていることも少なくありません。

そして、何より最優先で考えなければならないのは、これら3つの質問項目が何の見直しも行われずに、毎回採用され続けていることです。もちろん、これらの項目にチェックをつけた教師に向けて「あなたが思い描いている前提を見直す必要があります。子どもに寄り添うことも大切にしましょう」と伝える目的であればなんら問題ありません。しかし、そのような結果の分析は一切行われていません。

仮に、毎年チェックをつけることによって、繰り返し目にした刺激が潜在意識にメッセージを刷り込む「サブリミナル効果」がはたらいてしまうとすれば、子どもの存在自体をストレスとしてよいという認識に至ることになります。これでは、ストレスチェックが本来の目的としていた方向性と大きくズレてしまうと言わざるをえません。

特別支援教育に関するチェックリストはどうだろうか

では、果たしてその他のチェックリストはどうでしょうか。

学校現場にはさまざまなチェックリストがあります。通級指導教室の利用や学習支援員の申請などに用いる「特別支援教育」に関するチェックリストもその一つです。

特別支援教育には本来、教師側の深い子ども理解と、その子の言動の背景を洞察する観察眼が不可欠です。そのため、チェックリストを実施する以前に、研修等を通して教師側の気づきを促進して理解を深めたり、観察眼を鋭くしたりする必要があります。

観察眼が鋭くなるということは、つまずきの背景（理屈）をよく分かっている、ということに他なりません。「縄跳びができないことがなぜ〝気になる〟項目なのか」「姿勢が悪いことにどんな背景要因があるのか」「文字を枠に適度におさまるように書くことが難しい子にはどれだけの苦労が伴うのか」……。これらの理屈が理解できているからこそ、学習や行動の中からつまずきを見出すことができるようになります。

また、困難な状況は、教師側の理解や教育的ニーズを踏まえた手立て、ミスやエラーに寛容な学級風土等によって、大きく軽減される可能性があります。つまずきの背景を理解する教師だからこそ、チェックリストやアセスメントシートなどに的確なチェックがつけられるようになるのです。

ところが現実はどうでしょうか。特別支援教育への関心や発達障害についての知識があまりない教師が何のトレーニングも積まずにチェックリストの項目を見れば、「あぁ、こうした状態は特別支援教育の対象と考えてよいのか」という解釈に至るであろうことは想像に難くありません。

ましてや、特別支援教育にまつわるチェック項目は「○○ができない」「○○が難しい」といった困難状況の「炙り出し」が中心です。特徴を羅列したチェックリストやアセスメントシートを担任にポンと手渡し、「気になる子がいたらつけてください」といった対応を行っている自治体や学校では、教師側の狭い枠組みからはみ出す子どもがどんどん増えていくことを許す状況になります。職員室内で「この子は難しい」「この子は手に負えない」「この子がいるからクラスが落ち着かない」といった子どもを突き放すような会話が許される雰囲気になることにつながります。

このような事態に陥らないためには、事後の検証を大切にすることです。各項目がどのような心理的影響をもたらしたのかを検証し、指導に負の要素をもたらすような項目について即座に修正や削除を行っていく必要があるのではないでしょうか。

興奮して暴れる子どもの抑え方

■いまだに「馬乗り」？「羽交い絞め」？■

興奮したときに、ひっくり返って泣きわめく、その場にある物を手当たり次第に壊す、物を投げつける、他者に暴力を振る、周囲の人を引っ掻いたり噛みついたりするなどの行動をとる子どもがいます。皆さんはどのような対応をされていますか？

その子の身体を一時的に取り抑えて、本人の気持ちの昂ぶりを鎮めなければならない……ここまでは正しい考え方だと思います。これ以上周囲に危害が及ぶことがないように、その場で、暴れる子どもの行動を止めなければなりません。

しかし、適切な身体の抑え方を知らずに、今もまだ、大勢の大人で取り押えたり、馬乗りになったり、羽交い絞めにしたりするような抑え方をしているところを見かけることがあります。これらのやり方は、一歩間違うと大きなケガを伴います。また、子どもの立場に立てていないため、その子自身の納得感を引き出せません。場合によっては「理不尽に抑え付けられた」「不当に傷つけられた」と主張されることもあります。

本人のプライドを傷つけることなく、また教師自身の身体も傷つかない抑え方を理解し、実際に身につけていくことが大切です。

子どもも教師も互いに傷つかない抑え方とは

ここでは、「護道」という武術の使い手であり、福祉分野でも活躍されている廣木道心氏が提案している「支援介助法」という方法を紹介します。以下に、私の経験も交えつつ、手順を整理します。

（1）子どもの正面に立たないようにします。正面だと興奮を煽ることになりますし、近づくとパンチや蹴り、頭突きを受けることもあります。子どもの斜め後ろから入り、子どもの腕を下げながら、背中側に回ります（図1）。

（2）　子どもの両脇から手を入れ、子どもの仙骨（おしりの上部にあるでっぱりの部分）に手の甲を押し当てます。そのまま押し出すようにして、ゆっくりと座ります。この時に、大人の顎が近いと、子どもが背面への頭突きをしてきたときに避け切れなくなるので気を付けてください（図２）。

（3）　子どもの膝を伸ばし、長座にします。暴れている間は、子どもの動きに合わせて力を加えたり抜いたりします。しばらくその状況が続くと思いますが、声かけは一切しません。心の中で「そうだね、そうだね」と呟くようにして、声に出さないようにします。子どもが次第に落ち着いて、脱力してもたれかかってきたら、子どものお腹に手を置きます。そこでようやく「大丈夫、大丈夫」

子どもの腕を下げ、背面に移動。

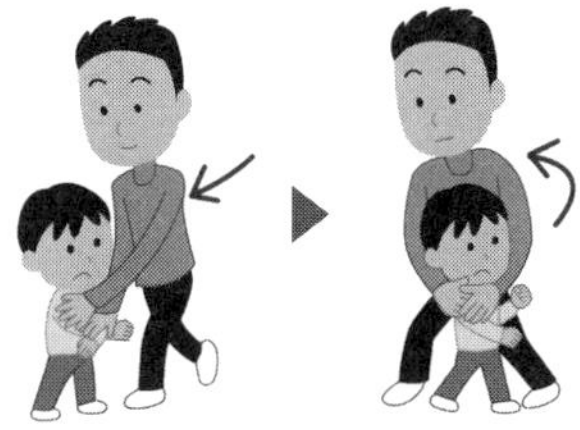

図１

子どもの両脇から手を入れ、仙骨を押さえながら、ゆっくり座る。

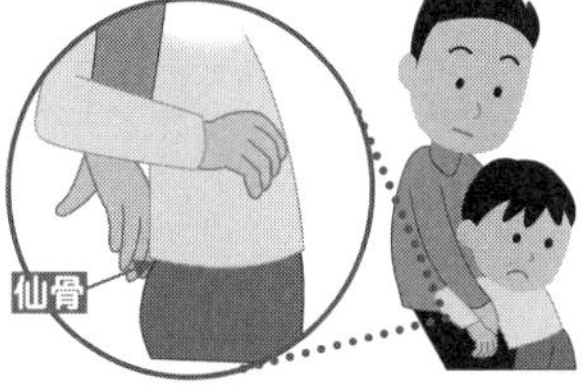

図２

と声をかけます。不用意な声かけは興奮を煽ることにつながるので、落ち着くまでは控えるようにするのがポイントです（図3）。

■本人の思いを大切にする■

大切なのは本人の「思い」です。興奮の背景には、その子なりの「○○したくてもできなかった」「○○されるのは嫌だった」「○○な結果は悔しかった」など言葉にできなかった感情があるはずです。こうした思いを無視した技の行使は「不適切な抑圧」と同じです。

興奮の多くは、「怒り」によってもたらされます。その怒りは、「二次感情」のひとつとされています。二次感情に至る前の出発点には、**落胆・悔しさ・悲しみ・寂しさ・傷つき・混乱・心配・困惑・退屈・残念**などの「一次感情」があります。

子どもが落ち着いたところで一次感情を具体的に捉え直し、「残念だったね」「悔しかったね」「混乱しちゃったね」「苦しかったね」などのような一次感情の言語化を通

長座で完全にもたれかかってきたら、お腹の上に手を置く。まだ暴れている場合は、子どもの動きに合わせて力を入れたり抜いたりする。

図3

して、共感的な姿勢を示すようにします。そして、一次感情の感情語彙を増やし、日常のさまざまな場面での感情を整理していくように促します。こうすることで、二次感情としての怒りに達するのを軽減することができます。

興奮したときに身体を抑えるときも、落ち着いた後の指導の際も、「無理に抑えようとせずに一次感情に注目する」というところがポイントです。

ちなみに、今回紹介した抑え方で、子どもが「安心できた」「納得できた」という経験が積み重なると、今度は、不穏（興奮の前兆のような心のざわつき）を感じ取った時に、子どものほうから「後方から抑えてもらいたい」と求めてくることがあります。ぜひ校内で共有してみてください。

【参考文献】

廣木道心「体の小さな女性教師でもできる！　自分も子どもも傷つけない！パニック対応術」『小一教育技術』２０１６年６月号 pp.3-8 小学館 ２０１６年

【イラスト転載】
川上康則「子どもたちを輝かせる秘訣　第２回」『wutan』Vol.47 ２０２０年度３学期号 p.15
ＮＰＯ法人全国初等教育研究会 ２０２０年

あれもこれも「最優先」

■「自らの感情を制する者は、教室を制す」■

教師という仕事は「感情労働」という側面が強いと言われています。感情労働は、肉体労働や頭脳労働に続く第三の形態です。その最大の特徴は、人と直接的に接することが生業だということです。

学校は、人がいなくてははじまりません。子どもたちへの指導はもちろんのこと、保護者や関係機関との協力や連携が欠かせません。同僚教師との協働関係、先輩への気遣いや後輩へのＯＪＴなど、常に人との関わりが不可欠な仕事です。

人の悩みの大半は人間関係から生まれます。したがって、人と接する仕事には感情を揺り動かされる事態がつきものです。教師という仕事にも「感情の抑制、忍耐、緊張感」が常につきまとうものなのだと理解する必要があります。言うなれば「自らの感情を制する者は、教室を制す」です。

教師のメンタルケアを論じる際に、しばしば、怒りの感情のコントロールを目的として「6秒間こらえること」「深呼吸すること」「いったんその場を離れること」などが語られることがあります。たしかに、それらの方法を瞬時にとれることは大切なことだと思います。しかし、それらは全て対症療法にすぎません。

感情労働の職場に向いているのは、人が好きで、人との摩擦を怖れず、人の成長には時間がかかることを知っている人でなければなりません。そもそも、怒りの沸点レベルが低い人には向かない業態なのだと言っても過言ではないでしょう。

まずは、自分自身が「感情を大きく揺さぶられるような特性のある仕事に就いているのだ」という前提に立つ必要があります。そして、目の前の出来事への寛容度を高く保ち、少々のことにも心を揺さぶられない覚悟をもつことが大切です。

■感情を揺さぶられる源流はどこから来るのか？■

「そう頭では理解できていたとしても、実際はそこまで気持ちにゆとりのある状況ではない」と言いたい方も多いのではないでしょうか。私も、学校現場に漂う窮屈さや、納得のいかない事態に日々直面している一人です。気持ちは痛いほど理解できます。

では、感情を揺さぶられる「源流」は一体どこにあるのでしょう。

前屋毅氏（2017）は、著書「ブラック化する学校」の中で、教師がやたらイライラしている理由の一つに「あれもこれも最優先」という圧力があると看破しています。たとえば、いじめや自殺の件数が過去最高になったという統計を受け、有識者会議によって「いじめへの対応や自殺予防を最優先の課題」として位置付ける提言がまとめられます。教師がいじめ対応や自殺予防に取り組むのは当然のことなのですが、だからと言って、授業準備や学校行事を「二の次にしてよい」ということにはなりません。

教師の立場からすれば、最優先事項が一つ増え、二つ増え、あれもこれも最優先になっていきます。こうして、本来最も優先しなければならない授業準備や学校行事に「手が回らない」という事情が生み出されていくというのです。

前出の前屋氏は、同書のあとがきの中でこう述べています。

「教員にしてみれば、あれもこれも最優先と押し付けられているのが現状である。教員の数が足りているならいいが、とてもそんな状況にないのが学校だ。最優先という言葉だけで満足な対応を求められても、それは酷な話でしかない。といって、だから対応できなくても仕方ない、で済まされる問題でもない。（中略）これでは学校が混乱するのも無理はない。混乱するだけでなく、学校のブラック化を加速させることにしかならない」

私自身も、自らの感情をコントロールするエネルギーを遥かに越えて、学校現場にさまざまな案件が五月雨のごとく「降り続く」のを日々、実感しています。

たとえば、前屋氏も例として挙げていた「いじめ対策」についていえば、他校でいじめに関する案件が出ると、すぐに教育委員会から「いじめに関する調査」を行うような通知がきます。一人一人に聴き取り調査をするため、その時間が必要になります。またアンケートの項目には「あなたは誰かから嫌なことを言われたり、されたりしたことはありますか」のような、子どもたちの関係性を疑うような内容が盛り込まれ、それを担任自らが伝えなければなりません。当然、教室内の雰囲気に影響をもたらします。中には「何も悪いことしていないだろうな」という詰問だと受け取る子どももいるでしょう。

こうして「アンケートを取った」という事実だけが残ります。さらに、毎学期行われるようになり、結果として「こまめにアンケートを実施しています」という形式や要件を満たしているための仕事が残ります。

本来のいじめ対策は、アンケートを取ることで終わりではありません。いじめ対策の本質は、良質なコミュニケーションを構築し直すことです。そして、困っている子どもが「困っている」と言えないような状況があれば、それをいち早く察知し、即座に解決できるだけの人的環境を日ごろから整えておくことこそが最優先であるはずです。単なる表面的なアンケートではなく、「本来すべき取り組み」や「本当に目を向けなければならないこと」を見極める作業が欠落していると感じているのは筆者だけでしょうか。

いじめのアンケートはほんの一例にすぎません。学校現場には、この他にも「〇〇が望ましい」「〇〇することが求められる」がどんどん降ってきます。しかも、これまでの事案が何も解消されないために、新しいことがどんどん膨れ上がっていきます。まるで、降り注ぐ「最優先」や「望ましい」の雨に打たれながら、瓦礫が積み重なったままの状況から逃げられない、そんな心境です。こうして「子どもと向き合う」という本来の仕事に欠ける時間がどんどん削られていきます。

学校にとって本来的に「必須」なことを挙げるとすれば、ただ一つ。それは「子どもと前向きに関わる時間とエネルギーを確保すること」です。

【参考文献】

前屋毅『ブラック化する学校：少子化なのに、なぜ先生は忙しくなったのか？』pp.185-187　青春出版社　２０１７年
川上康則『教室マルトリートメント』pp.132-135　東洋館出版社　２０２２年

情報の発信者の配慮と受信者の心構え

情報共有の大切さ

学校では、子どもの指導や家庭との関わり方についての情報共有が大切だと言われています。

たしかにトラブルは一人が抱えるものではなく、複数あるいはチームで対応するほうが解決の糸口を見出しやすくなります。小さな情報であったとしても、スピーディに対応することで問題の重大化を防ぐこともできます。

筆者にも、先輩たちからの引き継ぎやＯＪＴ（On the Job Training：職場の上司や先輩が、部下や後輩に対して、実際の仕事を通じて指導し、知識、技術などを伝授していく人材育成手法）等で得られた情報に何度も救われたという経験があります。

「そのやり方だとトラブルになりやすいよ」
「そうではなく、○○にしたほうがいい」
「全体が見えていない、もっと視野を広く」

このように教えられながら、自分だけでは気がつけなかった視点を一つずつ身につけてきました。

人は、何も手がかりがない状態では不安を強くします。少しでも情報を得ているほうが気持ちは安定するのです。したがって、情報がやりとりされることは、基本的にはとても重要なことだと思っています。

実態は「人によって語られるもの」

その一方で、子どもや各家庭の実態が語られる場合の情報交換には注意が必要です。鵜呑みにするのではなく、慎重に受け止める必要があります。

特に、前年度の担任から新年度の担任へと情報が引き継がれる場面は、そこに権威勾配が働きやすくなることに気をつけなければなりません。前年度の担任はいわば「1

年間分の情報をもっている人」であり、情報量において、今年度担任になった人よりも権威勾配が高いポジションにいます。自分のフィルターを通して、都合よく解釈した情報だけが引き継がれてしまうという危険性も十分に考えられます。

「あの子はこんな子だよ」

「こういう場面ではこうするといい」

「ああ、あの親はね」

こうした情報を丸ごと受け止めてしまったことで、余計な先入観が後任の担任にインプットされて、年度当初から関係性がこじれたケースをこれまでに何度も目にしてきました。

実態はあくまでも「人によって語られる」ものです。

発信者側も受信者側も、「誰かが語る情報には必ずバイアスがかかっている」ということを常に認識しておく必要があります。

引き継ぎの留意点

年度をまたぐ際の情報共有には、「発信者の配慮」と「受信者の覚悟」のコンビネーションが不可欠です。

まず、発信者である前任者の配慮としては、「伝えようとする情報には、1年かけて積もり積もった感情が入り込んでしまうものだ」という意識をもつことが求められます。

特に、日ごろから「私はこんなに困らされているんです」と訴える教師が語る個々の子どもの実態は、悲しいことに「悪行三昧」であることが多いものです。

また、保護者とのトラブルが解決できないまま1年を何とか切り抜けたという場合は、不満や愚痴、恨みつらみが入り混じって、「ここからの1年は地獄ですよ」「自分のようにならないように気をつけてくださいね」などと、まるで茨の道へ送り出すかのような伝え方になっていきます。

一方、受信者の覚悟として、前任者から語られる情報は「慎重さ」を有するケースであると気に留めておくと同時に、語り手が「自己都合に話を盛っている」ということも考慮しておかねばなりません。

また、日ごろから「特に困っていません」と話す教師の中には、その子の真のつまずきにまったく気づけていなかったり、実は自分の失敗を他者にさらしたくないというプライドに影響されて周囲に伝えていなかったりする場合があります。1年間、その子が本当に求めている教育的ニーズが放置されると、引き継ぎの内容以上に問題が深刻化していることもあります。「事前に聞いてなかった！」と感じられるようなことが起きるかもしれません。

これらをまとめれば、情報の受信者には「その情報は、はたして本当にその通りなのだろうか」と疑いながら受け止める覚悟が常に求められると言えるでしょう。その対策は、情報源を一つに絞らずに、複数の関係者からの情報を集めることです。そうすれば、よりフラットで偏りのない情報として整理し直していくことができます。

■受信者の心を温めるような情報に■

筆者は、これまでの経験を通して、知識不足な教師や中途半端な理解にとどまる教師ほど、対応の不手際さを子どもや保護者のせいにしたり、周囲の協力が得られなかったことを原因の一つとして挙げたりすることが多いと感じてきました。

子どもはそのような教師には警戒心や不安をいだきますし、保護者も決して信頼を置きません。また周囲も口には出さないものの、実際には心の中で辟易していることが少なくありません。心的距離感を取られてしまうような関係性によって出来上がった「溝」はとても深く、一度できてしまうと修復は極めて困難です。

1年後の引き継ぎの機会に、自分が発する言葉が受け取る側の心を温められるような情報でいっぱいにできるかどうかは、日々の努力にかかっていると言えるのではないでしょうか。

「私は指導者だ」という思い上がり

指導死を招いたのは何だったのか

不適切な指導をきっかけに自殺した子どもの遺族らでつくる「安全な生徒指導を考える会」が、２０２３（令和５）年5月29日、子どもの自殺対策や不適切な指導に関して、こども家庭庁と文部科学省に要望書を手渡しました。また、同会は同年6月16日に、衆議院第二議員会館で「子どもを自殺・不適切指導から守ろう」という院内集会を開催しました。

学校において、教師の指導によって肉体的・精神的に追い詰められた生徒が自殺に追い込まれることを「指導死」と言います。

指導死の背景には、必ずと言ってよいほど、教師側の「私の指導は間違っていない」

という思い込みと、「ここまで来たら引くことはできない」という貫く必要もない余計な面子が潜んでいます。そうした思い込みや面子は、もはや「思い上がり」ですらあります。身勝手な思い上がりを「ブレない指導」などと呼んですり替えることによって起きた悲劇であることを決して忘れてはなりません。

■「叱れない教師は力がない」論は、みんなを苦しめる■

「この先生は信頼できる」「私の話を受け止めてくれる」「いつも公正な姿勢に立っている」……そんな先生の指導は、自然と穏やかな風に包まれて安心します。子どもたちが求めているのは、力に頼らない指導です。

ところが職員室では、今もなお「叱れない教師は力がない」「そんなことではナメられるぞ」「あの先生は甘すぎる」「そこで厳しくしないから子どもが付け上がるんだ」などと発言する教師がいます。

指導死は、職員室の会話などを通して築き上げられた指導観の延長線上にあります。決して、対岸の火事ではありません。

中には「叱られたことがない子どもは可哀そうだ」「叱り切ることができなければ

大人としてダメ」「今は反発しても、いつか必ず厳しくされたことを理解してくれるはずだ」「自分の指導スタイルを貫くことで真剣さが伝わる」などと本気で話す人もいます。

本当にそうでしょうか？ これらの言葉は一見すると正しいことのように聞こえますが、全てにおいて「教師目線オンリーの語り」でしかないという点を看過してはいけません。

教師側の視点だけで設定された「ブレない指導」ほど危険なものはありません。なぜなら、子どもたちはそこに居場所を感じられず、かといって逃げ場もないからです。だからこそ自死という手段を選ぶしかないという状況に追い込まれます。

少し暴論なのではないかという反論が寄せられかもしれませんが、「叱れない教師は力がない」論は、指導死の元凶です。この論理に従えば、「叱っていけば、教師力が高まる」ことになり、「叱るという通過儀礼を経なければ、教師力は高められない」ことがまかり通ってしまいます。そんな職場で働きたいと思う若者はいないでしょう。

みんなを苦しめている「叱れる教師こそが正義」論の見直しは、教育現場の喫緊の課題です。

大切なのは「甘くか厳しくか」とか「ほめるか叱るか」といった極端な対立軸でものごとを整理しようとしがちな古い習慣を手離すこと。そして、自身の指導がどのような影響を子どもたちにもたらしているのかを「リフレクション（省察）」する習慣を作っていくことだと思います。

■「叱る」の前に大切にしたい「関係性」■

繰り返しになりますが、「自分自身が抱く信念こそが正しい」という考え方はとても危険です。これが許されるのであれば、ハラスメントもマルトリートメント（不適切な関わり）も、「私は教師であり、正しい信念を持っているから」という一方的な理由で全てが認められることになってしまいます。

筆者は、「叱る」という行為の前に「どういう関係性なのか」が重要だと考えています。

子どもの言い分や事情をしっかりと聞きとったうえで叱るのか、それらもなしに頭ごなしに叱るのかでは、子どもの納得の度合いがまったく異なります。

また、事前に叱る基準が告知され、子どもが納得しているかどうかも重要です。そのプロセスを経ずに叱られれば、子どもの心にモヤモヤを残します。

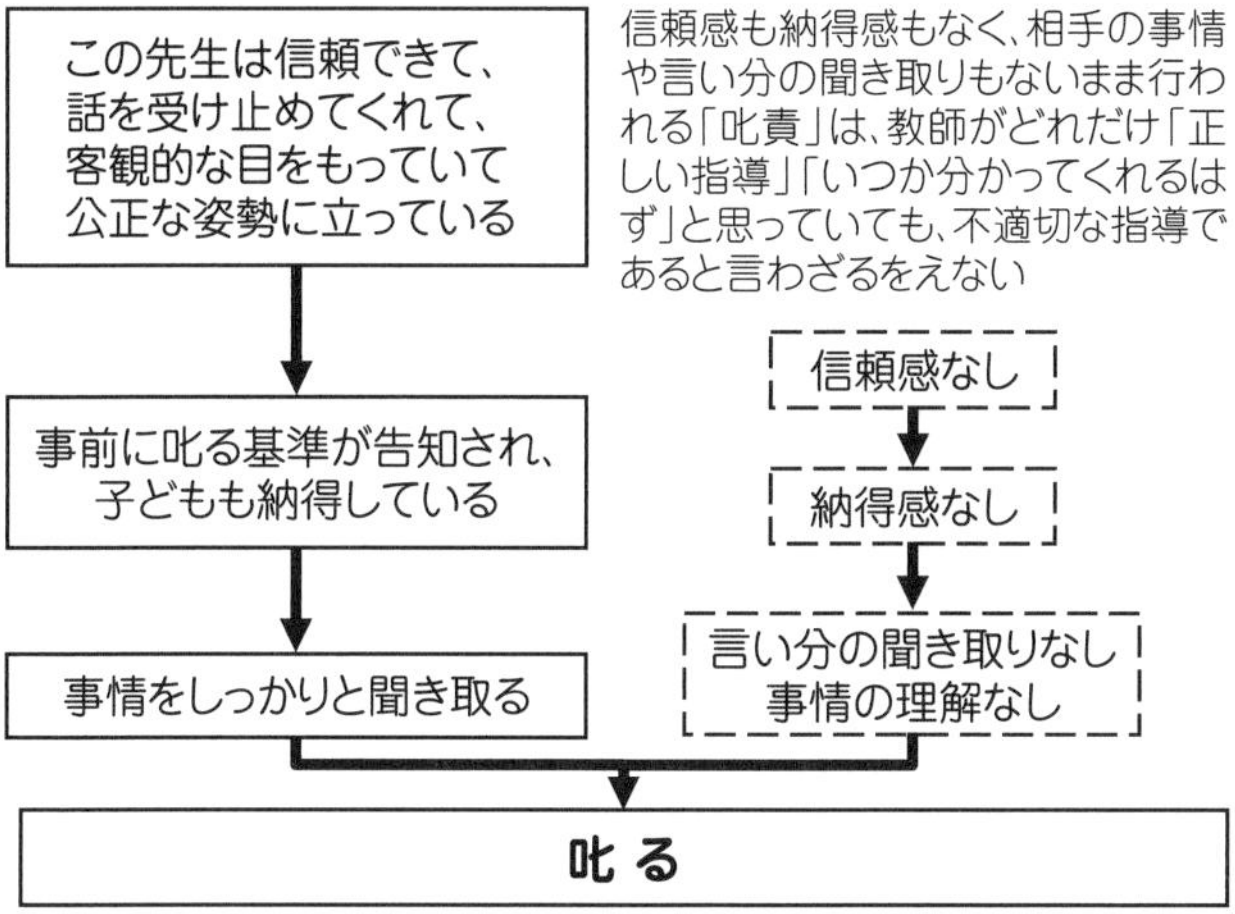

同じ「叱られる」でも納得の度合いが全く異なる

図　「叱る」の前にどういう関係性なのか

さらに言えば、普段の教師の立ち居振る舞いはどうでしょうか。「信頼に値する先生で、普段から自分の話を聞いてくれている」とか「いつも客観的な目線で、公正な姿勢に立ってくれている」と子どもたちが感じているかどうかが重要なのは言うまでもありません。

教師がどれだけ「正しい指導」「いつかは分かってくれるはず」と思っていても、そこに信頼感も納得感も、事情や言い分の十分な聞き取りもないまま行われる叱責は、やはり不適切な指導だと言わざるをえません。

第4章 子どもたちの思いと願い

子どもの話を聞かない教師のクラスはいじめが起きやすい

■いじめは、秋口にピークを迎える■

いじめは、夏休み明けに急増します。

図は、２０１７年に滋賀県大津市が公開した小・中学生のいじめに関するアンケートのまとめです。前年度にいじめを受けたことが「あった」と回答した子ども（小学生１０５９人、中学生３１１人）に、「具体的にどの月にいじめを受けたのか」をたずねたところ、６月、９月～11月、１月～２月にいじめのピークが見られることが分かりました。特に中学生に関しては、秋口以降にいじめの危険度が一気に高まることが示されています。

いじめは、加害者の「心の問題」のみで起こるのではなく、集団心理や教師から与えられるストレスの割合など環境要因によって引き起こされることが既に広く知られているところです。

中学校では秋口に「クラス対抗」型の行事が連続して行われます。クラスの協力や結束は、子どもたちの成長にとって大切な要素である一方で、排他性が強くなった場合にはいじめの原因にもなりえます。「○○さんが練習でふざけていた」「○○くんが足を引っ張ったから勝てなかった」などのように、特定の子どもが槍玉に上がりやすくなります。また、教師への不満の捌け口が、クラスを引っ張るタイプのミニ先生の役割を果たすようなリーダー的存在の子どもに向けられや

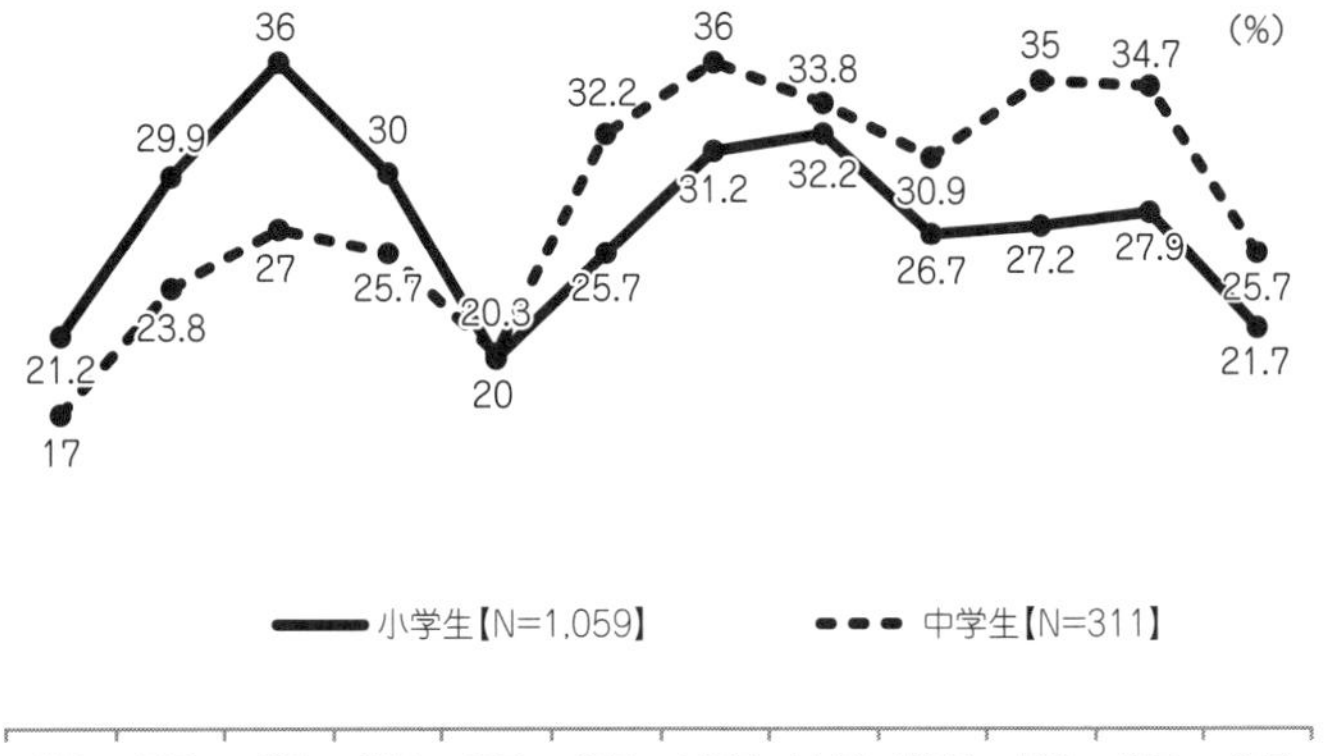

図　いじめを受けた時期の割合
（滋賀県大津市の 2017 年調査より）

すくなる傾向もあります。

行事が終わると今度は、「気持ちのダレや弛み」を心配する教師が学年通信で「さあ、これからは勉強です」等のメッセージを伝え、さらに心理的に追い込むような状況を作り出すこともあります。

いずれにしても「学校で過ごす時間そのものが子どもたちのストレッサーになりうる」という事実から、私たちは目を背けてはいけないと思います。

教室は、他者に時間を管理される場

繰り返しになりますが、「心理的ストレス」はいじめの主要な要因です。

学校の教室は、「他人に時間を管理されている環境」であると看破した荻上チキ氏（2018）は、教師の抑圧的な態度等によってもたらされたストレスを子どもたちが発散しようとした際に、学校空間ではその発散の仕方が限られてしまっており、自分好みのストレス解消がなかなかできないと指摘します。そこでいじめが「それなりにおもしろいゲーム」として機能してしまうというのです。

家庭であれば、ゲームやスマホ等がストレス解消の一助を担っているかもしれません。しかし、ほとんどの学校では持ち込みが禁止されています。また、自分の都合で教室から離脱することも認められていません。そこに、教師の指導が抑圧的・威圧的であったり、授業が一方的で楽しくなかったりといった状況が加わろうものならば、社交性の高い子どもほどコミュニケーション能力を生かして「人をからかって楽しもう」という方向に向かっていきます。それがいじめであったり、比較的弱い圧の教師に対するからかいや授業妨害であったりするのです。

このような状況に対して、「いじめは犯罪だぞ！」と厳しく取り締まるような指導を行ったり、加害者にペナルティを与えたりするような対応は全くの逆効果です。そのようなやり方ではむしろ、高圧的な指導の教師の前でだけおとなしくなり、陰でのいじめやからかいはさらに増長していきます。

彼らが求めているのは、良質なコミュニケーションのもと、自分たちの話を聞いてくれる親近感のある教師です。そして、理不尽さのない、納得のできる指導を期待しています。いじめやからかいという形でストレス発散をしていた子どもたちが別の発散方法を手に入れたり、教師がストレッサーを除去する役割に回ったりすることによって、いじめやからかいをしなくても済む状況が生まれます。

カギは、納得のできる指導

いじめが起きやすい教室は、常にストレスフルな「風」が漂っています。その空気感を一掃していくには、まず、話を聞ける教師を増やしていかなければなりません。前出の荻上氏も、「先生が良く話を聞いてくれるかどうか」がいじめの起きにくさとつながっていると述べています。また、一人一人の事情を踏まえながら、ていねいにコミュニケーションをとる時間を確保すること。そして、普段から分かりやすい授業づくりに努め、子どもたちが納得のできる指導を繰り返すこと。これらに尽きると思います。

カギは、納得のできる指導です。この努力を怠っている教師ほど、苦しい現状をなかなか改善できず、ストレスフルな状況に自らを追いやっています。子どもたちの不満を放置せず、本音を尊重しながらお互いの納得を作っていくことが大切だと言えるでしょう。

【引用文献】

大津市（2017）「平成29年度いじめについてのアンケート【調査結果報告書】」２０１７年 https://www.city.otsu.lg.jp/material/files/group/225/H30monitoring.pdf（２０２２年８月25日閲覧確認）

荻上チキ『いじめを生む教室　子どもを守るために知っておきたいデータと知識』ＰＨＰ研究所 ２０１８年

クラス内のトラブルはコミュニケーション指導のチャンスに

円滑なコミュニケーションのスキルを指導する

クラスでは、毎日さまざまなことが起きます。いや、むしろ起きて当然です。理由は二つあります。

第一に、「同年齢の集まりであり、人生哲学に長けた経験豊富な年長者はそこにはいない」ということです。社会を構成する力が未熟な状態の人たちが、同じ空間にいるわけですから、トラブルが起きても不思議ではありません。

第二に、「そのクラスに自ら望んで所属しているわけではない」ということです。クラス分けは、大人側の都合で行われます。子どもたちは、心の中では「○組がいい」「Aさんと同じクラスがいい」「B先生が担任するクラスがいい」と思っていても、その通りにはならないことを知っています。したがって、帰属意識が希薄な状態からクラスづくりをスタートしなければなりません。

そのため、意見が衝突し合う。本音がぶつかり合う。自分の言い分が正しいと主張し続ける。加減を知らないがゆえに言いすぎたり、やりすぎたりする……。どれもごくごく当たり前に見られるはずです。

こうしたクラス内のトラブルの解決は、時間とエネルギーを消耗するものですが、一方で円滑なコミュニケーションのスキルを指導する絶好のチャンスになるとも言えます。

■円滑なコミュニケーションとは？■

では、円滑なコミュニケーションとは、どのようなものを言うのでしょうか。まず、大人の世界におけるコミュニケーションを考えてみます。

（1）誘い上手な人は「引き出しが多い」

「今日は金曜日だし、ちょっと一杯飲んでいこうか？」コロナ禍以前であれば、大人の世界ではありがちな光景です。

誘い上手な人は、相手から断られてもめげません。しかし、強引に誘うわけでもありません。誘い上手な人は、「すぐ近くだから……」「30分だけで……」などと距離や時間のお手頃感を伝えたり、「旬の食材が……」「きみにピッタリのお店で……」と魅力を伝えたりします。

誘い上手な人のコミュニケーションスキルの特徴は、「相手の立場」を大切にしつつ「引き出しが多い」ということです。場合によっては、「今日が無理なら、いつにしようか」と別の日程の予約を入れるという引き出しを使う人もいるでしょう。

このことから、「相手の立場を慮ること」と「行動や言葉の引き出しを増やすこと」がクラス内の円滑なコミュニケーションにつながると言えそうです。

(2) 断り上手な人は、自分に非があるわけではなくても「ごめんなさい」と言っている

次に、誘われた側に視点を転換してみます。断り上手な人がいるはずです。断り上手な人は、「ごめんなさい。実は今日は……」「すみません。あいにく予定が……」と、自分に非があるわけでもないのに謝って、そのあとに理由を告げるようにしています。

断り上手な人も、相手の気持ちを考えて、自分の都合をやんわりと伝える努力をしています。その気持ちが「ごめんなさい」「すみません」という言葉に表われています。クラスの中には、なかなか素直に謝罪の言葉が出てこない子がいます。プライドがあり、「オレは悪くない。だから謝る必要がない！」と非を認められない子どももいます。

もちろん、そうした主張を通さなければならない状況もありますし、彼らなりに譲れない信念なのだろうとも思います。

そんな気持ちに寄り添いつつも、その一方で、お互いに Win-Win の関係を保つには、「ごめん」「ごめんね」のハードルを下げてあげることも大切なのではないかと思います。「ごめん」はそこまで重い意味合いではなく、日常の気遣いのようなものと捉えられることも大切にしたいものです。

■実践！　作戦ゴリラ■

大人は前述のようなコミュニケーションスキルを、日常の経験の中から学び取ります。子どもたちにも分かるように、上手に伝えていきたいものです。

私は、「作戦ゴリラ」という呼び方にしています。具体的には以下の通りです。

ゴ　ごめんね

リ　理由を言う

ラ　相手に（または互いに）ラッキーな提案を付け加える

自他調和や歩み寄りを大切にする「アサーショントレーニング」にヒントを得ました。アサーティブな自己表現では、意見や考えの食い違いが起こったときに、お互いの意見を出し合って、譲ったり、譲られたりしながら、双方にとって納得のいく結果を出そうとします。子どもたちにも素直に受け入れてもらいたくて、「作戦」という言葉を使い、また、3つのアクションの頭文字をとって「ゴリラ」としてみました。

たとえば、席が隣の子に消しゴムを借りたいときには……

ゴ　「ごめん、消しゴム貸してくれる?」

リ　「今日、忘れちゃって」

ラ「使ったらすぐに返すからね」

頼まれたけれども、その消しゴムを貸せないときには……

ゴ「ごめんね。貸せないんだ」

リ「一つしか持ってないし、けっこう使うから」

ラ「でも、わたしが使っていないときならいいよ」

クラスでは毎日さまざまなことが起きます。それを嘆くよりも、指導のチャンスはいたるところに転がっていると考えてみてはいかがでしょうか。指導に生かして大きな可能性につなげられるのか、それともスルーしてチャンスを逃すのかは、教師のアンテナの感度次第で決まるように思います。

【参考文献】

川上康則『子どもの心の受け止め方　発達につまずきのある子を伸ばすヒント』pp.78-81　光村図書　２０２０年

学校現場に必要な「余白」

■新型コロナウィルス感染症がもたらしたのは「空白」か「余白」か■

学校の「これまで」を一変させた新型コロナウィルス感染症。２０２０年2月末に始まった臨時休校からの約3年間に及ぶコロナ対応の日々を、読者の皆さんはどのように捉えていらっしゃいましたか。

「空白の3年間であった」という見方があります。「空白」はマイナス面が強調されます。「空白を埋める」という言い方があるように、早く元の形に戻したくなります。「町に人が戻ってきた」「町の活気が元に戻ってきた」というように、以前の状態に戻すことを良しとします。

一方、「空白」に似た言葉に「余白」があります。「余白」はプラス面が強調されます。「余白をとっておく」という言い方があるように、大切にしたいものという意味合いが強くなります。

これまでの子どもたちを取り巻く学校生活は、かなりギチギチに詰め込まれていたような印象があります。時間に追い立てられる毎日ではありませんでしたか？行事に急き立てられるような思いをしていませんでしたか？不謹慎な言い方かもしれませんが、もしかしたら、新型コロナウィルス感染症の到来は、「これまでの当たり前」に風穴をあけ、学校に「余白」をもたらそうとするものだったのかもしれません。

元に戻すことを前提とした「空白を埋める」方向で動いていくのか、それとも本当に大切にしたかったことに目を向けて「余白や余力を残す」方向で動いていくのか。どちらに舵を切っていくのかによって、教師のメンタルヘルスの方向性も変わります。

■割り切る力と選択する力■

「空白」はマイナス面が強調されると述べましたが、元の状態に戻すことは決して悪いことばかりではありません。

学校行事を例にとって考えてみます。どの学校にもこれまでに大切にしてきた歴史や伝統や文化があります。行事一つとっても、教育的意義があるからこそずっと続いてきたわけであり、「楽しみにしている子どもがいるから」「近隣の学校と足並みを揃える必要があるから」などの理由があって、元に戻すことを強く求められる場合もあるでしょう。

コロナ禍の3年間を空白と捉え、これからは元の状態に戻していこうという方向性に向かうのであれば、メンタルヘルスの観点では「割り切る力」が大切になるでしょう。割り切りとは、個人的な感情をあまり込めずに考えたり行動したりすることを言います。仕事においては、過剰な期待をせずに「結局そういうものなのだ」「やっぱりそうなるよね」と受け入れていく姿勢が求められます。そうでないと、いつまでも不満が残るばかりだからです。

一方で、「余白や余力を残す」方向に向かう場合は、メンタルヘルスの観点からは「選択する力」がとても重要になります。

今、この瞬間、何を考え、どう行動するのか、人は常に最善の選択を迫られています。学校現場では、「これさえしておけば絶対に大丈夫」などと言える状況はありませんし、正解は常に変わり続けますから、一度成功すれば次も大丈夫とも言えません。

また、年齢や経験を重ねれば自然に磨かれていくというものでもありません。普段からありとあらゆる「選択」を意識し、何度も試行錯誤を繰り返して、少しずつ高まっていく能力です。換言すれば、毎日の小さな選択に意識を向け続けていなければ、大きな余白は作れないということになります。

「選択する力」を伸ばすには、鍛錬が必要です。子どもにかける言葉を選ぶ場面、学年だよりや通知表の所見に用いる言葉を選ぶ場面、教材の提示の仕方を選ぶ場面、授業の中で流れを変えることを選ぶ場面……。このような一つ一つの場面で、よりていねいで、より確かで、より優しいほうを選択するようにするのです。

「割り切る」のは意外とたやすく、「選択する」のは相当の訓練を要します。そのため「割り切る」ほうが選ばれやすいのです。だから学校は「空白を埋めよう」とするエネルギーのほうが大きいのかもしれません。

子どもが生き生きと育つためには「余白」のほうが大切

子どもの発達のつまずきに対するアプローチにおいては、「空白を埋める」という考え方よりも「余白を作る」という考え方のほうが大切です。

「集団参加が苦手」「自分のペースでないと感情が抑えられなくなる」「身勝手な振る舞いが多い」などといった姿が見られたとしても、いきなりその姿を「直そう」とか「正そう」としても大抵はうまくいきません。大人の描く「こうあってほしい」という理想的な姿を一気に求めようとすると、かえって子どもの混乱が大きくなってしまいます。

教室での関わりの失敗のほとんどは、「マイナスを早く埋めたい」という大人の焦りから生まれます。問題の本質は、実は子ども側にあるのではなく、大人側が子どものつまずきを「空白」と捉えてしまっていることにあるのではないでしょうか。

子どもが生き生きと育つためには「大人の心の余白」が不可欠です。多少の凸凹した姿であっても、「新たに発見した一面から、この子の伸びしろを育てる」というプラス思考に立てる大人がその場にいるだけで、不思議と子どもの心は安定します。

空白を埋めたくなるのは、人の本能なのかもしれません。世の中に溢れる「マニュアル化」や「ハウツーもの」は、早く分かりたい、早く問題を解決したいという「心の空白を埋めたい欲求」の裏返しでしょう。

しかし、子どもの育ちは「マニュアル通り」にはいきませんし、手っ取り早く「ハウツー」で済ませられるものでもありません。指導者・支援者にはことさらに、自分自身の心の余白を作ることが求められます。そのためには、毎日の細かな選択場面を意識し、今よりももっとていねいな関わりはないかと探り続ける視点こそが大切だと言えるのではないでしょうか。

好きなことを共有する

■教師の仕事の本質とは■

私は、教師という仕事の本質は「子どもたちに、人生を豊かに生きるコツを伝えること」だと思っています。

人生を豊かに生きるためには、一体何が必要なのでしょうか。いろいろと考えられるのですが、その一つとして「好きなことを増やし、それを他者と共有する」ということが挙げられます。

人は、好きな人・好きな物・好きなことに対しては自然と態度がやさしくなります。そして、大らかに接することができるようになります。好きな人といるときや好きな物に囲まれているとき、好きなことをしているときは、時間を忘れるほど夢中になれて、気がついたらあっという間に時間が過ぎていたということもよくあります。そのため、好きな人が増えることや、好きなことがいっぱいあることは、人生を深刻化させない方法の一つだと言えます。

好きな人や好きなことに対する気持ちと同じような意識をもって、新たな他者に関わることを「好意」と言います。ちょっとした好意にあふれた言葉は、受け取る側も大きなエネルギーをもらっているような気になります。周囲に「好意」を示せる人は、無意識のうちに周りを幸せにしているとも言えます。

もし、クラスを落ち着いた状態にしたいのであれば、まずは教師自身が好きな人や好きなことを増やし、その気持ちに似た「好意」をクラスの子どもたちに示すことが一番です。子どもたちも周囲の「好意」に包まれることで、自分は大切にされていることを感じ取ります。そして「好感」がもてるクラスに育っていきます。

最近の学校現場は、こうした当たり前のことにすら無関心になってきました。それだけ追い詰められている状況なのだろうと思います。教室も、職員室も。

■「深刻化」した人たちが増える空間の怖さ■

深刻化して行き詰まりを感じるようになると、あらゆることに対して「好き」が小さくなっていくのを感じます。

「好き」のキャパシティが小さい人たちが群れ出すとものすごく大変です。自分が嫌いなことや苦手な人に対しては「否定してもいい」「攻撃してもいい」「失礼な態度をとってもいい」「相手に恥をかかせてもいい」という気持ちがどんどん大きくなっていくのです。それに巻き込まれ、「悪意」に満ちた言葉や態度に苦しめられた人もいることでしょう。ちょっとした好意が人を無意識に幸せにするように、ちょっとした悪意が人を無自覚に傷つけます。

だからこそ、まずは、「好き」をたくさん作る。そして、「好き」のキャパシティが小さくなっていくのを感じ始めたときは、「好き」が小さい人たち同士で集まるのではなく、「好き」がたくさんある人のそばに行くようにする。……これが、人生を豊かに生きるコツです。

子どもの「好き」と「こだわり」に好意を寄せる

もし、発達につまずきがある子どもと関わる際に行き詰まり感を感じたら、まずは、その子が好きな人や好きなことについて理解し、それを共有することから始めてみてください。

もちろん、その子と同じレベルで楽しめなくてもかまいません。なぜその子はそれが好きなのか、なぜその子はそこに強くこだわるのか、その「きっかけ」や「理由」を知り、理解を示すことが大切です。なぜなら、人は、自身のこだわりに「好意」を寄せてくれる人には対して心を開きやすくなるものだからです。

子どもを深く理解しようとするなら、まずは、その子が好きな人や好きなことに好意を示し、共感すること。子どもたちとの豊かな関わりは、そこから始まります。

スポーツが好きな子であれば、選手やチームの情報に詳しいはずです。ハマった理由に関心を向け、「なるほどなぁ」と興味を寄せてみてください。同じチームのユニフォームを着てみたり、同じ選手を応援したりするのもお勧めです。

ゲームが好きな子であれば、登場人物やどこに行けばアイテムをゲットできるか、あるいは攻略の流れなどに詳しいはずです。同じゲームをしていれば話題を合わせることもできますが、私の場合はYouTubeの「ゲーム実況」を見て、たくさんのお得な情報を得るようにしています。

子どもたち一人一人の「好き」が理解できたら、次は、それぞれの「安心」の作り方にも興味をもってみましょう。大抵は、その子がこだわっていることの中に安心のヒントが隠されています。

たとえば、急な予定変更が苦手な子どもは、「いつもと同じ」だと安心できることを知っています。そのため、「同じ場所」「同じルート」「同じ決まり事」などのルーティンにこだわりを見せます。そこで、変化のふり幅を小さくしたり、前もってていねいに伝えたりすることによって、いつもと大きな差がない状況を作るようにします。

衝動性が高い子どもは「今すぐに、ここで」にこだわります。要求が叶えられないと不安が強くなり、苛立ったり攻撃的になったりすることもあります。この場合は、「よし、分かった。いいよ、叶えるよ」と一度要求を受け入れてしまったほうが気持ちを落ち着けられます。そのあとで、大人側が感じる心配や懸念を伝えるようにします。対話を通してお互いの納得を目指していき、「今すぐに、ここで」ではなく「少し先でも間に合いそう」「今回は要求を取り下げても大丈夫そう」と思える自分になれることを知ってもらうようにします。

相手の「好き」やこだわりに理解を示して取り組むのか、それともただ取り組むのかでは、子どもの心の開き方はまったく異なります。そこに気づけるかどうかが、教師人生を豊かにするコツだと言えるでしょう。

インプットの前にアンラーン

特別支援教育の現在の立ち位置

通常の学級で特別支援教育に取り組むことは、２００７（平成19）年度から法制化されました。現在では、日常の授業やテストの実施に際して、さまざまな合理的配慮が認められるようになりました。特別支援教育は、うまくいかない部分がある子どもたちに（もしかしたら心理的負荷をかけ続けてきたかもしれない）従来の指導法やテストの実施方法を根本から見直し、その生徒の持てる力を最大限に引き出すための教育です。

それと同時に、私たち教師の「対応力」を広げていく可能性を秘めた教育であるとも言えます。特別支援教育は多様な子どもたちの学び方を研究する分野です。教師の教え方がその子の学び方とマッチしていないときに、教え方のバリエーションが増えることで救われる子どもも増えます。特別支援教育はもはや一部の対象児のためのものではありません。全ての子どもの「分かる」「できる」「自信をもてる」を支える、いわば「標準装備」だと捉える発想が大切です。

ところが、特別支援教育という言葉に、今もなおネガティブなイメージをもつ教師が少なくないのが現状です。

支援を要する子どもの存在を「手がかかる」「生徒指導上の問題が多い」「コミュニケーションがとりにくい」「時間を取られる」「もめ事が多い」などと教師にとっての厄介さの象徴のように捉える傾向は今も根強く残っています。また、合理的配慮の申請に対して、「やったことがない」「前例がない」と突っぱねたり、「そんな甘えは社会では許されませんよ」と個々の教師レベルの思い込みや決めつけで却下されてしまったりといったことも現実に起きています。

子どものことを語る切り口が変わる

もし、読者の皆さんの中に、特別支援教育への抵抗感や拒否感が今も強い学校にお勤めの方がいらっしゃるならば、「特別支援教育＝新しいことを導入する」や「特別支援教育＝プラスアルファの領域」という考え方を捨てて、これまでに培われてきた児童理解や生徒理解の「枠組み」を取り除くことから取り組んでみてください。

たとえば、みなさんの学校に、授業中、机に臥せるような姿のまま、活動にあまり参加したがらない子どもがいると思います。おそらく彼らは「意欲が低い／態度が悪い／自覚が足りない／努力が足りない」などと言われているのではないでしょうか。そして酷いときは「甘えている／たるんでいる／ナメている」などの言葉が使われることもあるのではないでしょうか？

特別支援教育の視点をもっていれば、彼らのことを語る切り口は確実に変わります。「**自尊感情が乏しく、学習性無力感に陥っている状態**」とか「**援助要請行動を発揮したくとも、失敗恐怖が付きまとっている状態**」という話になるはずです。

自尊感情（self-esteem）は、自分は価値がある人間だと感じる気持ちです。勉強に自信がもてないということが「自分は価値がない」と思わせていないでしょうか。

学習性無力感（learned helplessness）は、「やってもどうせ無駄」「頑張っても報われないから意味がない」という感情のことを言います。

援助要請行動（help-seeking behavior）は、「わからないから教えてほしい」「難しいから見てほしい」と人に援助を要請する社会的スキルのことを言います。自分一人の力では解決できない目の前の困難を乗り越えるためには、他者の協力が欠かせません。しかし彼らには、「聞いてもバカにされる」とか「聞いたら怒られるに決まっている」という思考が強く働いています。

失敗恐怖（failure phobia）は、学習や仕事において、やる前から失敗を過度に恐れ、失敗したくないからと挑戦をやめてしまうことを言います。

たしかに、彼らは普段から「勉強なんて意味がない」「やっても無駄だから」といった言葉を頻繁に使います。その言葉のトゲトゲしさや、いくら忠告しても聞かない様子が、大人をナメているかのごとく感じられるところはあります。しかし、周囲との比較を通して劣等意識を感じている場合、思春期という事情も絡んで「実は、僕は自尊感情が乏しくて困っているんです、先生助けて」とは言えません。本当の叫びやもがきを言語化できていない状態なのだと捉え直すことから始めていただきたいのです。

■特別支援教育の前に一度手離してほしい「古い習慣」■

これまでに培った思考の枠組みを取り除くことを「アンラーン（unlearn）」と言います。

アンラーンは、学びの否定ではありません。これまでに培った枠組みや思考のクセからの脱却を意味する言葉で、「一度染み付いてしまったものを削ぎ落とすプロセス」のことを言います。

職員室内の会話は、認知バイアスにまみれたところがあります。教師の思い込みや決めつけで生徒がラベリングされてしまうことが許されてきてしまった職場では、古い習慣や見直されないルーティンがたくさん残っています。なぜなら、その前提となる「枠組み」そのものが、環境に適応してパターン化してしまっているからです。子どもたちを「アイツは甘えている」「アイツはナメているから」という表現で語ることで、よりスムーズに物事を進めることができているという勘違いをたくさん生み出してしまった結果が、今の職員室内の会話です。それだけでなく、この枠組みが教師自身の授業改善や成長の妨げにもなってしまうことがあります。

「特別支援教育をどうするか」以前に、まずは職員室内の「凝り固まった児童理解／生徒理解の枠組み」を捨て去ることが大切です。特別支援教育がなかなか進まないのは、個々の教師の資質や能力や受け入れようとする気持ちの問題というよりも、これまでの誤った児童理解／生徒理解の枠組みを引きずりすぎていることが原因です。

無理解な状態のまま、熱心に子どもを正そう・直そう・変えようとする指導者のことを「熱心な無理解者」と呼びます。アンラーンが本当に必要なのは、無理解なのだけれども熱心な指導で、それなりの実績や成功体験を築き上げてしまった人たちであることは言うまでもありません。

「些細な」ではなく「切実な」

「些細な」は、大人の主観的なものさしに基づく表現

教師によって子どもの実態が語られるときに「些細なことでカッとなる」「些細な理由からトラブルを起こす」「些細なことにこだわる」などのように説明されることがあります。そんな時に気を付けておきたいのが、「その些細なことって一体どんなこと？」と具体的なエピソードまで踏み込んで聞き取りを行うという視点です。

「些細なこと」と言われることであっても、そのエピソードは実に多彩です。

たとえば……　給食のおかわりができなかった／係の仕事や日直の仕事を誰かが先にやってしまった／休み時間に一番に校庭に行けなかった／プールがあると思っていたのに、天候などの理由で中止になった／勝敗のあるゲームやじゃんけんなどに負け

た／授業中に挙手しているのに指名してもらえなかった／誰かが偶然ぶつかった／大人が忙しかったから「あとでね」と伝えたところ突然キレた／誰かに「あっち行って」と言われた　……などです。

全て「なるほどなぁ」と思います。

たしかに、大人にとっては「些細なこと」なのかもしれません。

しかし、子ども自身の立場に立って考えれば、決して「些細なこと」で済まされるようなことではないことは明らかです。むしろ「切実なこと」なのでしょう。その時に願いが叶えられないことは、世界を呪うほどの本気で許し難いエピソードなのではないでしょうか。

私たちも「校内の人手不足」や「仕事量に伴う負担感」を「そんな些細なことで……」と世間の人たちから片づけられたらきっと、「私たちの気持ちも分からないくせに」「現場にいない人間が何を言ってやがる」と反発したくなるのと同じです。「些細な」という表現は、第三者の一方的な主観に基づいています。当事者からすれば、決して「些細なこと」で済ましてほしくないのです。

その子の事情への感度を高める努力

「些細な」ではなく、「切実な」。この考え方を忘れずに、まずは怒り心頭の姿のその子に「そうだよなぁ」「大丈夫、先生は分かるよ」「同じ立場だったらきっと同じ気持ちになる」という言葉から投げかけるようにします。

子どもは「自分の気持ちに勝手な判断や評価を加えられたくない」と思っています。「責められる心配のない環境」と「あなたに屈辱感を与えないという保証」があって、はじめて心を開きます。

そして、第三者や部外者にとっては一見すると「些細」に見えることであっても、当事者にとっては重大で深刻な出来事なのかもしれないという、その子の事情への感度を高める努力をし続けることが求められます。

繰り返しになりますが、些細かどうかの判断の線引きはきわめて主観的なものさしに基づいています。まずは「些細な」という言葉の使用をやめること。それでも「些細な」という表現を使うような場合は、せめて、「大人から見れば……」「教師から見れば……」「第三者から見たら……」という前置きを必ず加えたいものです。

■その背景にある「反応の激しさ」と「気持ちの切り替えの難しさ」■

指導・支援のコツは、カッとなる場面やキレる行動にばかりとらわれないようにすることです。その背景にある「反応の程度の激しさ」と「気持ちの切り替えの難しさ」に着目すれば、関わり方が見えてきます。

まず、一つ一つの事態にしっかりと反応してくれる分だけ、無関心・無反応な子どもよりも「見込み」がある子なのだと考えてみてはどうでしょうか。

問題となるのは、その「反応の程度が激しいこと」と「気持ちの切り替えが難しいこと」です。

「反応の程度の激しさ」については、上手な行動の出し方を教える必要があります。たとえば、「人や物にあたるよりも、地面を数回踏みつけるほうが見栄えがよい」とか「それよりも、唇を強く噛みしめるだけのほうがさらにカッコいい」といったように、行動の出し方を少しずつ、その場に適応的な形にしていく指導が効果的です。一足飛びに学年相応の適応的な行動だけを学ばせようとすると、うまくいかないので注意しましょう。

また、「気持ちの切り替えの難しさ」については、切り替え言葉を教えることがポイントです。切り替え言葉とは、「まぁ、いいか」「仕方がないよね」「しょうがない」「こんな日もあるさ」などのように状況を受け止めつつ、受け流せるような言葉です。これらの言葉を使えるようになると、パニックや暴言・暴力的な行動が格段に減るケースをたくさん見てきました。

子ども理解の上で何より大切なのは、相手の事情への〝感度〟を高める努力です。指導者・支援者に求められるのは、その子の姿を「些細なことでイライラする」と見なすことではなく、その子の「プライド」や「信念」が込められている内容であることを理解し、背景を読み解いていく力なのではないでしょうか。

【参考文献】
川上康則『子どもの心の受け止め方　発達につまずきのある子を伸ばすヒント』pp.106-108　光村図書　2020年

第5章 子どもの姿から読み解く背景理解

ごまかす子、嘘をつく子、誰かのせいにする子

■ざわつく心を早く落ち着かせたいという心境■

私たちは、不安・緊張・憤りなどの不快感情を感じたときに、心がザワザワと揺さぶられるような気持ちになります。そして「心の平穏を取り戻そう」としたくなります。心理的に追い込まれた状況に対して、「何とかして心の安定状態を維持したい」という思いをきっかけにして取られるようなさまざまな手段のことを「適応機制(adjustment mechanisms または adaptive mechanisms)」と言います。

子どもたちが示しがちな適応機制には、以下のようなものが挙げられます。

(1) 攻撃的な行動

- 追い詰められそうなときに、激しい怒りや強い抗議を示す
- 「オレが悪いって言うのかよ！」など相手に逆ギレする

（２）逃避的な行動

- その状況から逃げる、隠れる
- 物的な証拠を隠そうとする、ゴミ箱に捨てる
- 自分に非があるのに責任が問われないように言い訳や言い逃れをする
- 問題を矮小化しようとしたり、解決を先延ばしにしたりする

（３）防衛的な行動

- 「あいつのせいでこうなった」と他責の姿勢を示す
- 別の要因にすり替えたり、「そんなつもりはなかった」と言ったりしてごまかす
- 「自分は悪くない」「やってない」「そんなことは言っていない」と否認の姿勢を示す

- 言い逃れや負け惜しみなどで、マイナスの感情を軽減しようとする
- 先回りして「知らない」「自分とは関係ない」と予防線を張ったりする

これらの行動は、周囲から見るととても自分勝手で、自分事として受け止めようとしない、反省しようとしない姿だと感じられるかもしれません。しかし、当の本人からすると適応機制に基づく種々の行動には、「不快な感情を一時的にでも軽減したい」という本人にとっての建設的な側面があります。

このような場面に指導者・支援者として直面した時は、「その子自身にとってはマイナスをゼロに戻す意味がある」ということを理解し、「この子もそれだけ必死なのだろう」と受け止めたり、「そうせざるをえない事情があるのだろうな」と慮ったりするところから始めていくようにします。

■ 適応機制が働く理由 ■

適応機制を新たな角度から捉え直してみると、他者や環境との間で生じる不調和に対して「自分の身を守ろう」とするための本能的なメカニズムであるとも言えます。

本能的なメカニズムは、人間に限らずさまざまな動物に備わっています。たとえば野性の生物の多くは、危険が迫った時には攻撃・逃避・防御を繰り返しながら、自分が不利な状況になるのを何とか凌いで生き抜いています。

そのように捉え直してみれば、子どもが嘘をついたり、ごまかしたり、誰かのせいにしたりする行動は、その子なりの「生き抜く術《すべ》」「生活のための武器」だと言い換えることもできます。

もちろん、そのままでよいというわけではありません。しかし、「叱られている立場なのに、お前はまだ嘘をつくのか！」と頭ごなしにたたみかけても行動は変容しません。なぜなら、その子の「生き抜こうという術」を奪うだけの関わりだからです。大切なのは、その子なりの「生き抜く」という本能的な側面は否定せずに、新たな解決手段を一緒に考えていくという発想をもつことです。

■「上から」の指導ではなく、「横から」の関わり■

再度述べますが、その子の行動変容を促すのであれば、「嘘をつくな」「ごまかすな」「他の人のせいにするな」といったダメ出しのたたみかけ的な指導は、まったく効果がありません。むしろ、これ以上叱られないようにするために、より巧妙にごまかそうとしたり、嘘を上塗りしたりする危険すらあります。

まず、その子に「不快感情を受け止める耐性」があるかを考えてみてください。適応機制が強くはたらいてしまう子どもたちの耐性は、非常に脆く、まるで薄い氷のような強度しかありません。そのため、「割れないように」と必死な思いをしています。指導の際は、「上からの」立場を一度捨てて、「横から」の関わりを意識することが求められます。

そして、適応機制というメカニズムが嘘やごまかしを誘発していることを理解し、①「こういう場面では心がザワザワするよね」→②「なんとかしたいという気持ち、よく分かるよ」→③「でも無理して取り繕う必要はないからね」と安心感をもたらす言葉かけをていねいに行うようにします。

さらに、子どもが正直にマイナスの事実と向き合い始めたのを確認したうえで、「解決に向けてA・Bのプランがあるよ、あなたならどちらを選ぶ?」などのように、その子の判断力に見合う選択肢を示すような対応を心がけていくことが大切です。その場で示すプランとしては、「先生も一緒に謝罪しにいく」「静かなところでもう少し事情を聞く」「下校の時間までに気持ちを整理する」などが例として挙げられます。

自分で落としどころを決めたという体験は次につながります。これを繰り返していき、その場・その時・その状況に合わせて気持ちに折り合いをつけたり、表現や行動の好ましさを学んだりすることこそが本当の「適応」なのだということに気づいてもらいたいと思います。

【参考文献】
中島義明ほか（編）『心理学辞典』p.75 pp.607-609 有斐閣 １９９９年

「学年」＋「らしさ」という認知バイアス

■教師は「認知バイアス」にとらわれやすい職業■

学校は、社会との接点が乏しく、校内の人間関係だけで物事が完結してしまうため、とかく「認知バイアス（cognitive bias）」が働きやすい職場だと言えます。

「認知バイアス」は、偏見・先入観・一方的な思い込み・誤解など「誤った見方」を幅広く指す用語です。

たとえば、第1章で取り上げた「フォールス・コンセンサス（偽の合意効果）」（16ページ参照）は認知バイアスの一つです。自分の意見や考え方こそが、世の中の多数派で、かつ正しいものであり、ゆえに周囲から合意を得ているという思い込みのことを言います。指導観が異なる相手に対して「社会はそんなに甘くない」とか「世の中が許してくれない」といった言い方をしてしまうことはないでしょうか。その言葉の裏側には、「社会・世の中は、自分の考えを支持している」というフォールス・コンセンサスが潜んでいます。

指導場面で「学年」や「らしさ」が持ち出されるときも十分な注意が必要です。

「学年」や「らしさ」が取り上げられる場合の例、

▼「〇年生なのに、こんなこともできないの！」
▼「〇年生なら、これくらいできて当たり前！」
▼「高学年なんだから、もっとしっかりしなさい！」
▼「何年生だと思っているの？！　1年生からやり直したら？」
▼「お前、それでよく小学校卒業できたな」
▼「〇年生らしい態度で臨みましょう」
▼「高学年らしさを発揮してください」
▼「中学生らしく行動しましょう」　などです。

これらの発言は全て、「〇年生ならこれくらいできる」という教師側の認知バイアスによるものと整理することができます。

一人一人の子どもの実態は多様であり、簡単に「学年」だけで割り切れるものではありません。であるにもかかわらず、私たち教師は、自身の過去や、これまでの指導経験、出会ってきた子どもたちから「〇年生ならこのような姿」というステレオタイプを設定してしまうところがあります。

このような、先入観に基づく子ども理解は、子どもたちにとって苦しいばかりでなく、教師にとってもますます「自身の見方・考え方こそが正しい」という思い込みに陥らせ、誤った成功体験につながる危険性すらあります。

実際にどの程度の開きがあるのか

通常の学級においては、たとえ同じ学年であっても、個々の子どもの実態には大きな「開き」があります。

では、どの程度開いているのでしょうか。

その開きを具体的に把握するために、ここでは便宜的に、実態の開きの大きさを「可視化」することを目的として暫定的にＩＱ（知能指数）を用います。（なお、昨今の国際社会においては「知能指数が人間の全てを決定するわけではない」という考え方のもと、ＩＱの数値ばかりが一人歩きしないように注意を喚起する動きが強まっていることを付記しておきます）。

心理検査ではＩＱ70を認知発達の遅れを示す目安としています。「知的な遅れはありません」という言い方をする場合には、「ＩＱ70を下回っていない」という意味です。しかし、通常の学級の中には、ＩＱ70周辺の子どもが在籍しています。また、上限について言えば、日本には飛び級制度がないため、実際にはＩＱ130以上の非常に高い認知発達水準の子であっても当該学年の教育課程で学ぶことになります。

この開きを、より具体的に「年齢」に換算して数値化してみます（図）。

暫定的に、一つのクラスにはＩＱ70～130の子が在籍しているとします。

すると小学校一年生の入学時点では、実際の年齢はみんな6才ですが、クラス全体の精神発達の開きは「約4～約8才」の幅があることが分かります。

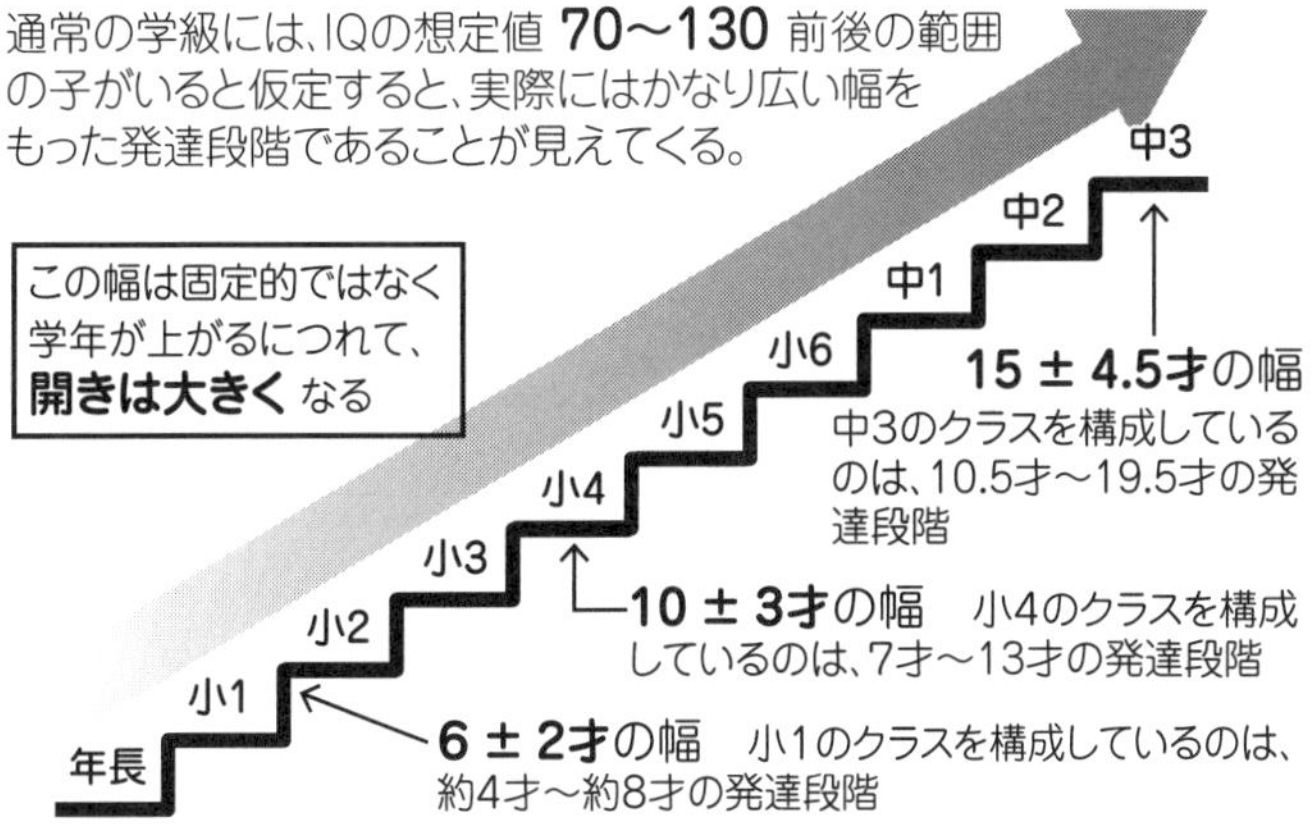

図　クラスの実態の幅を可視化すると……

IQ70　：6才×70%　＝精神発達の年齢は4.2才（約4才）に相当する

IQ130：6才×130%＝精神発達の年齢は7.8才（約8才）に相当する

つまり、小学校1年生のクラスを構成しているのは、4〜8才の発達段階の子どもたちであるということになります。小学校4年生になると、その開きはより大きくなります。実際の年齢は10才ですが、クラス全体の実態の開きはおおよそ「7才〜13才」の幅になることが分かります。つまり、小学校4年生のクラスは、７～13才の発達段階の子どもたちで構成される集団であり、そこには「約４才」の開きがあるということになります。

同様に、中学３年生の場合は、10・５才～19・５才の発達段階の生徒たちでクラスが構成されているということになります。

クラスの発達の実態の幅について、ＩＱ概念を用いながら可視化していくと、同じ学年といえども、個々の子どもの発達にはかなり大きな開きがあることが理解できます。

「学年主義」の考え方や「〇〇らしく」という表現は、子ども理解の大敵です。

教師のメンタルケアを考える場合、「〇年生なのだから、これくらいできる」という見方が認知バイアスによるものであることに気づき、その誤った思い込みを早く手放すのが大切であることは言うまでもありません。

【参考文献】

川上康則『教室マルトリートメント』pp.160-166 東洋館出版社 ２０２２年

保護者への伝え方

保護者に子どものつまずきを理解してもらうために

特別支援学校に勤務するという立場だからかもしれませんが、学校関係者から「保護者に子どものつまずきを理解してもらうには、どのように伝えるとよいか」といった質問を受けることがあります。

その答えは一つです。面談を終えたときに「面談できて本当に良かった」と納得し、穏やかな表情で明日に向かえる勇気がもてる、そんな伝え方が望ましいと思います。ところが残念なことに、保護者を追い詰めたり、やり込めたり、保護者の立つ瀬を失わせたりするような面談が後を絶ちません。

たとえば「こんなに大変な子は教師生活で初めてです」「こんなことでは将来困り

ますよ」「もっと手をかけてあげてください」「今までどんな子育てをされてきたのですか」「みんなが迷惑しています」「この子だけに手をかけてあげられる時間はありません」などといった言葉を無自覚に投げかけている人はいないでしょうか？

教師から、その子の存在や、それまでの子育ての歴史を否定するようなメッセージが告げられたとき、保護者はそれらをどのように受け止めるでしょうか。「共に考える」という姿勢を欠いた教師の話に、保護者は心を開くことはまずないでしょう。それどころか、警戒心という壁をさらに高くしたり、「人は信じられない」という経験を蓄積したりすることにもなりかねません。

「相手に理解を促したい」という気持ちが前面に出すぎてしまうと、かえって保護者は気持ちを閉ざしてしまうものなのだと思います。

■ 保護者に子どものつまずきを理解してもらうために ■

そこで、面談における「これだけは大切にしよう」という最低限のエチケットをまとめます。エチケットとは、人と接する時の言動・態度のことを指し、対面している相手を不快にさせない心配り、あるいは思いやりや優しさからくる気配りのことを言います。

その1　「障害受容」という言葉を普段から使わないようにする

特別支援学校の卒業生の保護者の一人が、「お恥ずかしい話なのですが、いまだに我が子が〝障害のない子〟になっている夢を見るんですよ」とおっしゃっていました。その一言は今でも忘れられませんし、その気持ちが痛いほどよくわかりました。

私たち教師は「あの親は障害の受容ができていない」などと平気で口にしてしまうところがありますが、実は、障害を受容していくという過程はそれほど簡単なことではありません。むしろ相当に困難な道のりなのだと理解する必要があります。

職員室内での会話であっても、普段から「障害受容」という言葉を容易に使わないように心がけましょう。また、たとえその子のことではなかったとしても、「自閉ちゃん」「ダウンちゃん」などと障害を上から見下ろすような発言も絶対に慎むべきです。

その2　「家では困っていない」を尊重する

面談の中、子どものつまずきを伝えても「家（我が家／家庭）では困っていない」

という答えが返ってくることがあります。

こうした返答に対して、私たち教師は「本当は困っているはずなのに」「無理している」「現状を正しく認識できていない」などと決めつけてしまうところはないでしょうか。

しかし実際には、家庭内で用意周到な工夫や試行錯誤等を繰り返し、どうにかして困らない状況を作りあげているかもしれません。あるいは、深刻な困りの連鎖が立て続けに起きていて、「こんなことくらいで音《ね》を上げてはいられない」という強い気持ちで立ち向かっているがゆえに「困っていない」という言葉にすり替わってしまったのかもしれません。

まずは、困らないために家庭内の取り組まれていることをていねいに聞き取ることから始めてみましょう。立場を越えて共有できる情報を見出だすきっかけになるかもしれません。

その3　医療や相談機関、心理検査をすぐに勧めない

「医療機関や相談機関に行かせればなんとかなる」と勘違いしている学校関係者は

意外と多いようです。中には、自分の稚拙な指導を棚に上げて、「家庭や子どもに非があることを専門家に証明してもらおう」という考えをもつ者も実際にいます。そういった目論見や魂胆は保護者に必ず伝わります。

信頼関係なくして特別支援教育は成立しません。心理検査も同様です。心理検査は、行動の背景要因を知りたいという気持ちに応える「謎解き」であり、支援のヒントを何とか見出したいという熱い心に応える「宝探し」のために行われるべきものであり、自身の指導の成果がなかなか上がらないことの裏付けのためのものではありません。

その4　「徹底的な傾聴」と「一緒に歩む覚悟」を大切にする

我が子のつまずきを指摘された保護者が、そのつまずきと向き合い、適切な支援の必要性を理解し、子育てに前向きに取り組んでいこうという気持ちになるためには、信頼できる支援者の存在が不可欠です。保護者に理解させようとする前に、自らが指導者・支援者として信頼に足る存在であるかを見直すことから始めなければなりません。

まずは保護者の気持ちに徹底的に寄り添い、声を上げることすらできなかった辛《つら》さにも耳を傾け、長期的に一緒に歩んでいく覚悟をもちましょう。そこまでしても、もしかしたら保護者の信頼は得られないかもしれません。特別支援教育の制度の申し込みなど、一度決まったことであっても、翌日には撤回されて裏切られたと思うこともあるかもしれません。それでも私たちは前向きに特別支援教育を「価値ある取り組み」として伝え続けていくことが大切です。

保護者が「理解の扉」を自ら開けるのは、それからの話です。

子どもの権利を守る立場であるはずなのに

■恫喝・脅し・罰によるコントロールがもたらす子どもの育ちへの影響■

学校に身を置く立場の一人として、私も含めて関係者一人一人に重く問われている問題があります。それは、子どもの権利です。特に「子どもが意見を表明できる権利」についての学校現場の認識は、あまりにも希薄だと言わざるをえません。

今もなお多くの学校で、子どもに言うことを聞かせようとする指導が後を絶ちません。大きな声で恫喝したり、「そういう子には○○させません」と脅したり、「次に○○したらペナルティだからね」といった罰を与えることをちらつかせたりするような指導が、むしろ、ここ最近は増えているような印象すら受けます。

たしかに、大人が大きな声で怖がらせれば、教室が瞬間的に静かになり、子どもたちも言うことを聞くことがあります。でも、そうしたシーンを「効果がある指導だ」と勘違いしてはいけません。「怒られて言うことを聞く」というパターンに慣れてしまうと、次第に子どもたちのほうも「怒られなければ言うことを聞かない」というスタイルが根付いていきます。怒鳴り声がエスカレートしていくたびに、その指導が習慣化され、やがて引き返しどころを見失っていきます。そして、ちょっとしたことでもイラっとする教師像が出来上がっていきます。

学校は、どれだけ子どもたちを委縮させれば気が済むのでしょうか。委縮が続くと、人は、自分を「無力な存在」なのだと認識するようになっていきます。本当は、「自分たちのことを大切にしてくれる先生だから、話を聞く」が教室の〝正解〟なはずです。

■「子どもの権利」からみた不適切な関わり■

その日の指導をうまくこなすことだけを考えていたり、やっつけ仕事で乗り切った経験が多かったりすると、どうしても「子どもを従わせる」というモードから抜けられません。そこで「子どもの権利」から日々の指導を振り返ってみます。

前述のとおり、学校では、子どもの権利を守ることへの関心が著しく低いのが現状です。２０２３（令和5年）４月から「こども基本法」が施行されていることすら知らない、という教育関係者も決して少なくないでしょう。

子どもの権利に関する法律を遡ると、１９４７（昭和22）年に制定された児童福祉法や学校教育法にたどり着きます。児童福祉法では子どもの権利を保障するための社会の制度や大人の努力義務が明記されています。

第1条　全て児童は、児童の権利に関する条約の精神にのっとり、適切に養育されること、その生活を保障されること、愛され、保護されること、その心身の健やかな成長及び発達並びにその自立が図られることその他の福祉を等しく保障される権利を有する。

第2条　全て国民は、児童が良好な環境において生まれ、かつ、社会のあらゆる分野において児童の年齢及び発達の程度に応じて、その意見が尊重され、その最善の利益が優先して考慮され、心身ともに健やかに育成されるよう努めなければならない。

（児童福祉法　２０１６年改正より抜粋）

１９５１（昭和26）年には、児童福祉に対する意識啓発のために「児童憲章」が制定されました。

われらは、日本国憲法の精神にしたがい、児童に対する正しい観念を確立し、すべての児童の幸福をはかるために、この憲章を定める。
児童は、人として尊ばれる。
児童は、社会の一員として重んぜられる。
児童は、よい環境のなかで育てられる。

（児童憲章より抜粋）

１９８９年、国連で「子どもの権利条約」が採択されました。日本は、その5年後の１９９４年に、世界で１５８番目に批准しました。条約は、締約国にはそれを遵守する義務が発生します。条約の基本的な考え方は、次の４つの原則で表されています。

●差別の禁止（差別のないこと）
●子どもの最善の利益（子どもにとって最もよいこと）

●生命・生存及び発達に対する権利（命を守られ成長できること）
●子どもの意見の尊重（意見を表明し参加できること）

（「子どもの権利条約」４つの原則　出典：訳「子どもの権利条約」日本ユニセフ協会より）

そして、「子どもの権利条約」の批准から、なんと30年もの歳月を経て、日本でようやく子どもの権利が法律で守られることになりました。2023（令和5）年に施行となった「こども基本法」がそれにあたります。

1　すべてのこどもが大切にされ、基本的な人権が守られ、差別されないこと
2　すべてのこどもが大事に育てられ、生活が守られ、愛され、保護される権利が守られ、平等に教育を受けられること
3　すべてのこどもが、年齢や成長の程度に合わせて、自分の直接関係することに意見を言えたり、さまざまな活動に参加できること
4　すべてのこどもの意見が年齢や成長の程度に合わせて、大事にされ、こどもの今とこれからにとって最もよいことが優先して考えられること

5　子育てをしている家庭のサポートが十分に行われること、家庭で育つのが難しいこどもに家庭と同じような環境が用意されること

6　家庭や子育てに夢をもち、喜びを感じられる社会をつくること

（こども家庭庁『こども基本法ってなに？やさしい版』「こども施策が大切にしている６つの考え方」pp.7-8より）

ＳＮＳ等では、「子どもが権利を口にし始めるとわがままがまかり通ってしまい、教室の秩序が守られなくなる」といった誤解と偏見に満ちた意見を平然と発信する教師がいます。子どもの権利を誰よりも考え、将来に夢と喜びを感じられる社会を願うはずの学校が、子どもの権利を潰してしまっている……。まさに「何をかいわんや」です。

【参考文献】
菊地奈津美・河合清美（編著）『言葉かけから見直す「不適切な保育」脱却のススメ　保育者の意識改革と園としての取り組み』pp.44-48 中央法規出版 ２０２３年

自己効力感

「自分ならできる」の気持ちの源

自分の能力よりも少しだけ難しい課題に直面したとき、「頑張ってやってみよう」と思える子どもと「無理、やらない」と諦めてしまう子どもがいます。

前者にあって後者にないものが「自己効力感（self-efficacy：セルフ・エフィカシー）」です。カナダの心理学者アルバート・バンデューラが１９７７年に提唱した概念で、「目の前にある目標を実現できる力をもてていることの認知」を意味します。もう少し分かりやすく表現すれば、「〝大丈夫、自分ならできそう〟と予期・確信すること」を言います。

バンデューラは、「自分にはできる」「自分ならできそう」という気持ちを抱けるようになるためには、以下の４つが影響すると考えました。

①何かを成し遂げたという経験（達成経験）
②自分の能力やスキルを他者から肯定的に認められること（社会的説得）
③誰かが行動するやり方から学び、自分は（あるいは自分のほうが）できると思うこと（代理体験）
④心身ともに元気なこと（生理的感情的状態）

授業においても、これら４つのポイントをふまえながら進めるようにすると、子どもの学びが活性化します。

①「わかった」「できた」と感じられる瞬間を作ること
②他者とのコミュニケーションをとおして、前向きに相手の声を受け止めること
③身近なモデル（教師の師範行為や仲間の行動）を観察し、自分に当てはめること

④生活リズムを整えたり、ストレス耐性を高めたりしながら心身ともに前向きな状態を作ること

自己効力感と「動機づけ」「結果期待」

自己効力感の程度は、目の前の課題に向かう**モチベーション**（**動機づけ**）と深い関係があります。自己効力感が高い状態のとき、人はチャレンジ精神をもって「よし、やってやるぞ！」と前向きに行動することができます。その一方で、自己効力感が低い状態のときは、やる前から挑戦すること自体をためらうようになります。

その事実をふまえれば、人が自ら行動を起こすためには、自己効力感は不可欠であると言えます。

また、バンデューラはさらに踏み込んで、人の感情は、自己効力感と「**結果期待**」の度合いとの組み合わせによって複雑に変化していくものであるとも述べています。

結果期待とは、「その行動を起こせば、ある特定の結果（成果や成功等）を得られるだろうという期待」のことを言います。

(1) 自己効力感 ＞ 結果期待

たとえば、ある人が「自分ならできる」と思っている内容であるにもかかわらず、良い結果を得られそうにない状況だと感じたとします。これは「自己効力感が高いのに、結果期待が低い状況」と説明できます。

この場合、自身の能力に見合った正当な結果が出そうにないことへのフラストレーションを強く感じます。「努力しても報われることはない」という諦めの気持ちが強くなったり、自分の周囲の環境に対する不満が大きくなって周囲に変化を求める傾向が強くなったりします。

(2) 自己効力感 ＜ 結果期待

では反対に、ある人が「自分は能力が低い」「自分にはそれは無理だ」と思っているのに、簡単にできてしまいそうだと想定される場合はどうでしょうか。これは「自己効力感が低いのに、結果期待が高い状況」と説明できます。

実はこの状態もあまり良いことではありません。かえって自己価値の低下を招いたり、気分の落ち込みを誘発したりすることもあるとされています。

（3）自己効力感 ≒ 結果期待

最も大切にしたいのは、**「ある課題に直面したときに自分の能力を信じ、存分に能力を発揮して挑戦し、努力した結果、何かを成し遂げられた」**と感じられたかどうかです。

■「成功体験」よりも「達成経験」■

しばしば教育分野では「成功体験が大切」だと言われます。

しかし、自己効力感という考え方に基づいて整理すると、単なる「うまくいった経験」と捉えるのではなく、自分の能力を信じたうえで何かを成し遂げたという「達成の実感を伴う経験」が大切ということになります。

このような視点に立てば、子どもたちへの言葉かけも自然に変わります。「できたね」よりも「やり切ったね」に。「えらい」ではなく「つかみ取ったね」に。子ども目線に立って、その子が手にした実感を言語化できるようになるはずです。

余談になりますが、大人にとっても自己効力感は重要です。

近年、「すぐできる〇〇」「今すぐ使える〇〇」「簡単に子どもが動く〇〇」「必ずうまくいく〇〇術」のようなキャッチフレーズを用いた指導者向けの書籍が刊行されています。

教師も自己効力感を欲しているのかもしれません。

しかし、手っ取り早くできる方法ばかりを求めても、うわべだけの「うまくいった感」は、本当の意味での自己効力感にはつながりません。自分自身の能力を客観的に分析し、現状よりも深く追求する態度を保ちながら、自分でつかみ取っていくことが重要です。教師だからこそ、成功よりも達成を目指す姿勢が求められるのではないでしょうか。

【参考文献】

鎌原雅彦・竹綱誠一郎『やさしい教育心理学〔第５版〕』pp.85-88　有斐閣　２０１９年
渋谷昌三『決定版　面白いほどよくわかる！心理学オールカラー』pp.166-167　西東社　２０１７年
藤田哲也（編著）『絶対役立つ教育心理学〔第２版〕実践の理論、理論の実践』pp.46-51　ミネルヴァ書房　２０２１年

援助要請行動

■他者を頼れるのは、能力■

自力だけでは解決できない問題に直面したときに、それを解決または軽減しようと他者を頼ることを「援助要請行動（help-seeking behavior）」といいます。援助要請は、「援助希求」や「援助要求」とよばれることもあり、人が生きていく上で欠かせない問題解決のプロセスの一つです。

人には得手不得手があり、全ての問題に対して、完全に自力で解決できるほどの全知全能さは誰も持ち合わせていません。したがって、「他者を頼ることができる」のは能力の一つであり、むしろこれを持ち合わせているからこそ、人は、集団や社会を形成して、さまざまな問題を解決しながら進化してきたとも言えます。

他者をうまく頼れない子ども

教室には、「イヤだ！」「無理！」と参加拒否や逃避的な行動を示したり、「どうせ……」「だって……」と実行に移すことをためらったりする子どもがいます。読者の皆さんも、「やらない」「しない」と言い張る子に手を焼いた経験があると思います。また、大声で騒いだり、物や人に当たったりするような行動を取ることに腹を立てた経験があるかもしれません。彼らは表面的には、意欲が乏しく、周囲を困らせる子どものように見えます。

しかし、「援助要請行動を発揮する能力」がまだ身についていないと考えればどうでしょうか。きっと、これまでの指導の方向性の多くが間違っていたことに気付けます。うまくできそうにないことを隠したりごまかしたりするような姿は、裏を返せば「他者をうまく頼れない」子どもなのだと指導の糸口を見出すことができるのです。

ところが残念なことに、教育関係者の多くは今も、子どもの表面的な行動や態度だけにとらわれてしまっています。「わがまま」「自分勝手」「ふざけている」「ナメている」という会話が職員室で飛び交っています。

指導について検討する際には、彼らの行動の背景に「助けを求めることができず、困惑している」という心理的状況があることを理解する必要があります。そして本当の解決策は、子どもの、①自力での解決が難しいことに直面しているという「自己理解」を支え、②援助を求めれば問題解決に近づけるという「学習」を進めていくことが大切です。

■援助要請行動を発揮するのはなぜ難しいのか■

前述のとおり、援助要請は、問題解決の第一歩であり、自立や社会参加において非常に大きな役割を果たす行動の一つです。ところが、それを簡単には発揮できない事情があります。援助の要請は、「心理的な損失」を伴うことがあるからです。

心理的な損失には、きまり悪さや、「依頼を求めた相手から拒絶されたらどうしよう」という恐れ、「自分の能力不足を露呈したくない」というプライド、「自分でなしえなければならない」という理想（自力達成）を放棄したかのように思える気持ちなどがあります。

つまり、「自分の内面をさらさなければならない」というリスクがあるのです。

そうした心理的な損失を上回る利益が得られると感じれば、援助要請を起こすことができます。しかし、内面の自尊心をさらせない場合や、さらしても受け止めてくれる人が周囲にいないと感じる場合は援助要請が生まれることはありません。

また、「援助を求めたらうまくいった」という経験が少ない場合も、援助要請は生まれにくくなります。成功体験の少なさも、援助を求められないことにつながるからです。したがって、周囲の人たちが、「援助を求めやすい環境や人間関係を作ることができているかどうか」も重要な要素になります。

■失敗恐怖や敗北恐怖の軽減のポイント■

援助要請行動をみんなの前で発揮するには、とても勇気がいります。これは子どもだけでなく大人も同じで、初めての場所で分からないことを聞けずに右往左往してしまったり、講演会の質疑応答などの場面で「こんな質問をしたら恥ずかしいのではないか」と質問をためらったりすることがあると思います。このように失敗を恐れてしまう状態を「失敗恐怖」または「敗北恐怖」とよびます。

そのため、「困ったら、助けを求めよう」といったスローガンの提示だけでは、人はなかなか変われません。

そこで、失敗恐怖や敗北恐怖の軽減の仕方のポイントを4つ、以下に整理します。

(1) 安心して援助要請を出せる人間関係を構築する

(2) 困った・わからない・難しいなどという状況は「恥ずかしいことではない」という理解を進める

(3) 遠回しな表現でもよいので、「援助要請を出せた！」という実感をもってもらう

(4)「助けを求めてみたら、困難な状況を少しでも抜け出せた！」という状況まで導き、小さな達成感を積み重ねる

援助を求めることが苦手な子どもの場合は、（2）の段階でつまずいている可能性が高いです。そのため、「他者から頼りにされ、感謝される」という経験の土台を作り、子どもに「不足しているものを報告してもらう」などといった小さな一歩を踏み出すことから始めるとよいと思います。そして、日常場面での援助要請の発揮を応援

し、うまく発揮できたときには一緒に喜ぶ経験も大切です。

あらためてまとめてみると、援助要請行動は、「他者から援助を求められ、頼りにされたという経験の下積み」と「援助を求められる人的環境」と「援助を求めたら、よい結果を得られたという体験」のかけ算で成り立っているといえます。

子どもたちが「ヘルプ」と「サンキュー」を上手に使いこなし、前向きに一歩踏み出すことを応援していきたいものです。

【参考文献】

中島義明ほか（編）『心理学辞典』p.75 有斐閣 １９９９年
川上康則『〈発達のつまずき〉から読み解く支援アプローチ』pp.76-79 学苑社 ２０１０年
川上康則『こんなときどうする？ ストーリーでわかる特別支援教育の実践　ケーススタディからのアプローチ』pp.32-38 学研プラス ２０１６年

「この人を悲しませてはいけない」と思わせてくれた師の存在

わが師、平賀孟（故人）は、ユーモアと情にあふれた指導者でした。中学３年生の終わりごろ出会い、大学４年生まで水泳の指導を仰ぎました。大学卒業後に最初に仕事についたときにも、師のもとで３年間働きました。

平賀が、指導において常々強調してきたことは、「よい結果は選手の努力の賜物、悪い結果は指導者の責任」ということでした。ふがいない結果に終わったレースの後、観客席に座る監督のもとに報告に行くと、「俺の練習の立て方がよくなかった。すまなかった」と言うような人でした。

自己ベストタイムが出た時の笑顔と握手も忘れられません。「な、俺が言ったとおりだったろう」と本当に優しい声をかけてくれました。今おもえば、師との「アタッチメント」があったからこそ頑張れたのだと思います。

現役最後の年は、怪我に悩まされ、苦しい気持ちを何度も吐露したものですが、最後は「この人のために頑張ろう」という一心で泳ぎ続けました。

海上自衛隊の水泳特別訓練班長だった時代もあるくらいですから、若かりしころの「鬼コーチ」ぶりも聞いています。当然、練習で手を抜かせてもらえたことはありませんでした。

しかし、指導とは、決して恐怖で追い込むものではなく、くじけそうになる選手自身の気持ちを讃え、勇気をもって立ち向かう姿を後押しすることなのだと、自身のふるまいを通して教えてくれました。

学校現場における教師の在り方が、今あらためて問われています。

そのときの一時的な結果にとらわれることよりも、もっと大切な人生訓を教えてくれた師に、今も感謝しています。

第6章 現場仕込みのメンタルケアが示す方向性

人生からの問いかけに対して答えていく

■メンタルケアの方向性を見直す■

現在の学校教職員のメンタルケア対策の一つに、2015（平成27）年12月から義務付けられた「ストレスチェック制度」があります。

ストレスチェック制度は、労働者がメンタルヘルス不調になることを未然に防止することを主な目的として生まれました。定期的に労働者のストレスの状況について検査を行い、本人にその結果を通知して自らのストレスの状況について気づきを促します。そして、個々のメンタルヘルス不調のリスクを低減させるとともに、検査結果を集団的に分析し、職場環境の改善につなげることを目指しています。

この制度が始まってずいぶん経ちましたが、読者の皆さんは、今ご自身が働く職場の環境が改善されたと感じているでしょうか？

職場環境の改善は、快適な職場環境が提供され、さらに業務内容や雇用条件等に納得することで初めて実現します。業務の内容に納得できなければ、そこで働く人たちの不満が高まります。雇用条件に納得できなければ、そこで働く人の流出が進んだり、そこで働くことを希望する人が減ったりします。職場環境が改善されなければ、その事業の成長性が見込まれず、当然のことながら業界全体が衰退に向かうこともあります。

職場のメンタルケアの問題は、ストレスをチェックするという義務を果たせば終わりというわけではありません。むしろ、そこから一定の傾向を見出し、具体的な職場環境の改善の方向性を見出すことのほうが大切です。肝心なのは、そこで働く人たちの「納得感」を引き出すことに尽きます。

■納得感は待っていても満たされることはない■

既存のストレスチェック制度は、どうやら現在の学校現場で働く人たちのメンタルヘルスの維持や向上には寄与できていないようだ、という現実について触れました。

では、そのような中で、私たちはどのように生き抜いていけばよいのでしょうか。そのヒントはヴィクトール・フランクルの著書『夜と霧』にあります。本書が描いているのは、第二次世界大戦中のユダヤ人強制収容所でのエピソードです。著者のフランクルはオーストリアのユダヤ人精神科医で、ナチスドイツからの残虐な行為を目の当たりにし、自身も拷問を受けながら、それでも生き抜いていくことを諦めませんでした。

2020年代の日本の学校で働くことと大戦中の「強制収容所」を同列で語ることについては、相当のお叱りを受けるかもしれません。しかし、同書が伝えたいことの本質は「逃れられない生き辛《づら》さに直面したときの希望の見出し方」です。

希望は待つもの、与えられるものではなく、自らの手でつかみ取っていかねばならないものです。メンタルヘルスの基本は、そこで働くことの「納得感」だと先に述べましたが、今の状況では、どうやらその納得感は待っていても私たちの元にやってきてくれることはなさそうです。「いつかこの状況は変えてもらえるだろう」「きっと良くなっていくはずだ」と叶いもしない願いを抱くより、自分事として希望を見出して生き抜いていくことを考えることのほうが、よほど現実的だと思うのです。

『夜と霧』では、強制収容所という過酷な環境の中で最後まで生き延びていけたのは「今置かれている状況で何ができるかという問いかけに答え続けた人間」であると描かれています。すなわち、解決方法や答えを探し求めるような生き方をしていては生き延びていくことは難しい。むしろ、目の前の状況を「自分は今、人生から問いかけられている」と捉え変えて、その問いかけに対して「自分はこう考える」と答え続けることこそが生き延びるためのポイントだったと言うのです。

求めるばかりではなく、自分から答えを見出す生き方に

フランクルが投げかけたテーマは、すべての学校関係者が自分らしく豊かに生きていくための大きなヒントになると思います。

まず、「答えが世の中のどこかにあって、それを探し求めれば問題が解決できるだろう」という演繹法的な考え方を一度手放しましょう。与えられるのを待つのではなく、「問題の本質は何か」という課題意識を常に持ちながら、今目の前の状況を考えることが大切です。そして、「目の前の出来事を通して、何らかの仮説を見出していく」という帰納法的な考え方をベースにあらゆる事象に向き合いましょう（図）。

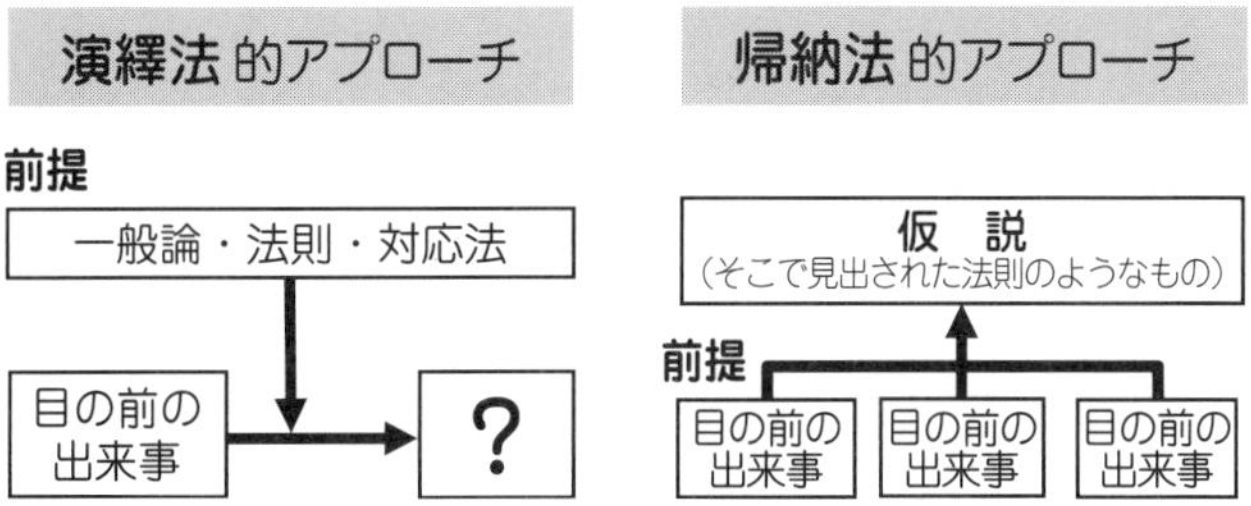

- 「前提が正しければ、必ず結果もついてくる」という発想
- うまくいかない場合、さらなる「ハウツー探し」に陥りやすい
- 答えがない状況のときには、迷走してしまいやすい

- 「目の前の出来事から何かを見出す」という発想
- 自分自身のふるまいも「出来事」に含み、客観視できる
- 常に新発見で毎日が「学び」の連続
- 「失敗」という概念がない
- ただし、自分勝手な思い込みに陥っていないか、メタ認知が必要

図　演繹法と帰納法

たとえば、トラブルやクレームへの対応であれば、マニュアルを求めるのではなく、「この出来事はトラブルの発端になりそうだ」「この状況ならクレームにいたってもおかしくない」「この言い方をすると相手の気持ちを逆撫でする危険度が高いかも」と目の前の事象を一つ一つ分析する視点をもつようにするのです。そして、「日々の良質な対話を維持することが、関係者間の信頼につながり、結果的にトラブルやクレームの火種を作らないことになるのではないか」と仮説を立てながら自身の

言動を振り返るようにします。

繰り返しになりますが、求めることでは状況は変わりません。自身のメンタルを守るには、「誰かが解決してくれるだろう」という前提を捨て、「目の前の状況を自分はどう受け止めるか」というマインドを築くことが重要だと考えます。

「ありのまま」と「このままでいいのか」の間に漂う感情

■「その子らしさ」の一方で■

教育においても子育てにおいても、子どもの「個性」に着目することの重要性が言われるようになって久しくなります。子どもの「ありのまま」や「その子らしさ」が大切であることは疑う余地もありません。

ところが、その一方で、学校現場で子どもたちと関わると「果たしてこのままでいいのか」とか「このままではやはりまずいよな」と感じるような場面に出合うことは少なからずあります。

「ありのままで」と「このままでいいのか」の間には、まるで大きく揺れ動く波に漂うような不安定な感情がつきまといます。教育現場では、指導者・支援者側がその場面の不安定な感情をいかにコントロールできるかが大きな課題です。そのため、教師の自己形成という問題は避けて通れません。

自己の怒りを爆発させたり、自己の信念を頑なに守ることに固執したり、時に逆転移の感情（不安・攻撃・依存・過干渉）として子どもにぶつけたりしてしまうことはないでしょうか。

こうした感情を露わにした指導の背景には、実は、教師側の「ありのままで」と「このままでいいのか」の間で漂い続けることが苦しいという心理があります。言うなれば、「不安に耐えきれないくらいの苦しさ」と表現してもよいかもしれません。なぜなら、感情を吐き出すことは、「苦しさからの一時的な解放」という効果があるからです。

時に、そんな指導をしてしまった自分を「私は正しい指導をした」「私は間違っていない」と正当化したり、放課後の職員室で「あの子を懲らしめてやった」と武勇伝のように語ったりすることがあるかもしれません。それらも全て、教師の心の根っこにある「苦しさから一時的に解放されて楽になりたい」という気持ちがもたらしています。

教師の自己形成は、指導者にはこうした不安が常につきまとうことを知るところから始まります。そして、不安が大きくなると、あらゆることに過敏な反応を示しやすくなっていくことにも目を向けることが大切です。

■不安常在■

「不安を解消したい」という気持ちは、人のもつ本能的な思考です。誰だって、一刻も早く安心できる状況を求めます。そのため、不安がなかなか解消されないままの状況が長く続くと、心の中の「かくあるべし」という気持ちまで強くなっていきます。個人差はありますが、多くの人の心の中に「かくあるべし」の気持ちは存在しているのではないでしょうか。

ところが、「かくあるべし」と想定したことが実現しないと、今度は落胆や怒りが込み上げます。学校現場では、「不安材料があってはならない」という「かくあるべし」の姿勢よりも、「不安や怖さや苦しさとともに生きる」という〝覚悟〟の心境が大切だと思います。

「かくあるべし」の思考は、子どもの「ありのまま」や「その子らしさ」を否定する方向へと向かわせます。そして、「このままでいいのか」という気持ちを強める方向へとシフトします。普段から「このままであってはいけない」が前面に押し出された指導スタイルになってしまうのです。

したがって、「このままでいいのか」の気持ちが強く沸き起こってきたときほど、揺れ動く波間に漂いながら不安とともに過ごすという「不安常在」の精神が大切になります。

不安を排除しようとするよりも、不安を受け止めながら生きていくこと。「不安常在」こそが、実は、長い教師人生を生き抜く唯一の道です。教師の自己形成の最終形は「不安常在」に必ずたどり着きます。

「不安を抱えながら過ごしましょう」などと書くと、「気休めを言うな」と叱られてしまうかもしれません。たしかにこれは「気休め」かもしれません。でも、気休めも一時的な安心感、その場かぎりの慰めにはなります。気休めを繰り返しながら毎日を乗り切ることが、現場のメンタルケアではとても重要になると思っています。

■「このままでよい」と思えない行動の捉え方■

私の周りにも、素直に謝れない子や、自分の非を認めない子がいました。目の前で事を起こしているにもかかわらず「俺じゃねぇし」「俺のせいにするのかよ」と言う子もいました。

もちろん、彼らの姿を「このままでいい」とは思いません。

しかし、その姿を根こそぎなくしていこうとするような固い関わりでは、その子の「立場」がなくなってしまいます。「立場」を奪ってしまうと、自分で立てなくなってしまうため、「次に起きるであろう事態への適応力が乏しいことによる情緒不安」が押し寄せます。彼らもまた、警戒心が強くなり、不安を抱えていたくないがゆえに「俺じゃねえ」という否認や「あいつのせいでこうなった」という他責が強くなっていくことがよく分かりました。

彼らからは「たとえ、このままでよいとは決して言えない姿なのだけれども、そこも含めてこの子の可愛らしさなのだ」という視点に立つことの大切さを学びました。

そして、一般常識的な価値観にそぐわない行動の多くは「すぐに変われないことへの理解を求めている姿」であると解釈するに至りました。

大人側に見栄やプライドがあると同時に、子ども側にも自分なりの「立場」があります。

その事実を常に忘れないようにしていくことが、教師としての務めなのではないでしょうか。

職員室の心理的安全性

職員室の人間関係に見る心理的安全性

近年、組織運営や人材育成において「心理的安全性（psychological safety）」の重要性が語られるようになりました。

この言葉が世の中で注目されるきっかけは、Google社が２０１２年に立ち上げたプロジェクトの研究成果でした。「効果的なチームとはどのようなチームなのだろうか」という問いから出発したこの研究から見出されたのは、まず「誰がチームのメンバーに含まれているか」よりも、「チームがどのように協力しているか」ということであり、その中でも特に「心理的安全性」の高いチームは離職率が低く、収益性も高いという結果が導かれたのです（石井 2020）。

エイミー・エドモンドソン（2021）は、「心理的安全性」とは「**みんなが気兼ねなく意見を述べることができ、自分らしくいられる文化**」であり、「**対人関係リスクの怖れがない状態**」であると説明しています。

このことは、学校の職員室や教室もまったく同様に言えることでしょう。

たとえば、職員室では、学年ごとに担任が集まれるように机が配置されています。そこでの対話の雰囲気は、担任のチームとしてのまとまり、協力的な態度、問題状況が起きたときの迅速な判断などを物語っていると感じます。雰囲気が良く、気兼ねなく話し合える「担任団」のもとでは、子どもたちも穏やかで主体的に学びに取り組む様子が頻繁に見られます。また、保護者からの信頼も厚く、「子どもたちを任せて安心」という気持ちが伝わってきます。職員室でも笑顔や前向きな発言が絶えることがありません。

反対に、指導面でうまくいかないことを同僚である相手や子どもたちのせいにしたり、特定の人をやり玉にあげて非難したり、保護者の養育姿勢を揶揄するような発言が放置されたりしている学年では、担任間の対話の雰囲気がとても重苦しいものであり、職員室内のハラスメントも見過ごされがちになります。職員室内で、特定の教師がやり玉にあがりながら「○○先生のやり方はおかしい」「叱れない教師は力がない」「そこで厳しくできないから子どもが付け上がる」「そんなことだから子どもがナメてかかる」などの言葉を繰り返し浴びていると、どんなに温厚な子ども思いの教師も次第に「もっと厳しくしなければならない」という傾向が強くなります。そうせざるをえなくなるくらい追い込まれていくというほうが正しい表現かもしれません。次第に、子どもたちにとっても納得のいかない指導が目立つようになり、やがてストレスフルになった教室の空気感によって、子ども間でも陰湿ないじめが広がることもあります。

このように、職員室の空気感と教室における指導の在り方はつながっています。

■教師間の心理的安全性はどのように作り上げられるか■

学校も職員室も教室も、他者と集団を形成する場です。率直な意見や素朴な質問、違和感の指摘など、誰もがいつでも気兼ねなく言える状態を作ることは極めて重要です。

しかし、心理的安全性の状態はすぐに実現できるわけではありません。その集団内の上位者が「困ったらなんでも言ってね」「報・連・相が大事」などと伝えさえすればれるといった単純なものではないのです。なぜなら、集団が構成されるところには、必ず対人関係上の不安や懸念が伴うからです。

下位者の立場にある人は、率直な意見を抱きつつも、過去に怒られた経験があると「次も責められるかもしれない」と考えてしまうものです。素朴な質問が頭に浮かんだ場合にも「自分で考えろと突き返されてしまうのではないか」という心配がよぎります。強い違和感を指摘しようものなら「生意気なことを言うな」「言われた通りにすればいい」「そう考えるお前が悪い」と打ち砕かれるかもしれないという心配が付きまといます。

そうした不安や懸念や心配は、「自分の行動を律する」「ルールや規律を守る」というある種のブレーキのような作用をもたらす一方で、他方ではその力が過度になりすぎると「率直に自分を出せない」という状況に陥り、主体的・自発的な行動を発揮できなくなってしまうという反作用もあります。

人を育てる場において心理的安全性が大切であることは、もはや論じるまでもありません。しかし、その醸成には時間がかかります。そして、集団を構成するメンバーがそれぞれ「何をもって安全とするのか」を深く掘り下げて考え続けることによってようやく実現するものであると言えます。

■「自分らしさ」を互いに受け入れ合う組織風土の醸成■

あらためて、職員室や教室で求められる「心理的安全性」を論じるとすれば、「**他者から示された一方的な枠組みを押し付けられることへの不安が一切なく、かつ、〝自分らしさ〟をお互いに受け入れ合う組織風土が醸成されていて、自分がそこにいる明確な理由が見出せる状態**」であると定義することができるでしょう。

では、心理的安全性に満ちた学校や教室を作り上げるにはどのようにすればよいでしょうか。具体的な方法として、以下の５つの「やめること」が挙げられます。

（1）**一方的な指示・説明をやめる**：相手のペースを考えた伝え方を心掛ける

（2）**監視や押さえつけをやめる**：信頼と敬意をもって接する。呼び名や言葉遣い、お願いの仕方など細かなところも見直す

（3）**頭ごなしの叱責をやめる**：相手を咎めたり戒めたりする場合であっても、相手の事情をしっかりと聞きとり、肯定的で前向きな姿勢を応援する

（4）「こうあるべき」の押しつけをやめる：上位者の一方的な枠組みに当てはめようとせず、相手の持ち味を生かす

（5）上位者の「根拠オレ」「根拠ワタシ」をやめる：経験則や直感だけで物事を判断せずに、下位者（若年者、子ども）の意見をよく聞き、気持ちを受け止める

【参考文献】

エイミー・C・エドモンドソン（著）野津智子（訳）『恐れのない組織――「心理的安全性」が学習・イノベーション・成長をもたらす』英知出版　２０２１年

石井遼介『心理的安全性のつくり方――「心理的柔軟性」が困難を乗り越えるチームに変える』日本能率協会マネジメントセンター　２０２０年

それ、確実にモラハラです！

■教育実習生に対する指導、間違っていませんか？■

教育実習生に対して、「あなたは本気で教師になる気があるか？」と問う教師（実習の指導教員）がいます。この質問自体は悪いことではありません。

しかし、この問いに対する学生の答え方によって指導の態度を変えると公言している教師の場合は要注意です。

彼らいわく、「はい」と答えた実習生には「では、私も本腰を入れて指導しましょう」と熱意をもって指導することを告げ、「いいえ」と答えた実習生には「単位だけが目的なのだとしたら指導は必要ないね」「私も忙しいので適当に指導するから」「拙い指導で子どもたちを混乱させないように。あとで大変だから」と見放すような関わりを宣言するといった極端な対応を取るのだそうです。

過去には、このような指導者こそが教育現場の質を向上させるのだと思われていた時代もあったようですが、今はまったく違います。確実に、モラルハラスメントに該当します。指導者と実習生という立場の優位性を利用し、かつ実習生を逃げ場のない状況に追い込んでいます。しかもそれを意図的に行っているのですから、相当タチが悪いと言えるでしょう。

モラルハラスメントとは、精神的苦痛を与える陰湿な嫌がらせを指します。モラルは、倫理や道徳を意味する言葉で、ハラスメントは「個人の尊厳を侵害するような嫌がらせ」を意味します。言葉や態度、身振りなどによって人を不安に陥らせたり、巧妙に支配したり、人格を傷つけるなどの精神的な嫌がらせの総称です。

パワーハラスメントのように大声で叱責したり、殴る・蹴るなどの肉体的ダメージを与えたりするような直接的な暴力行為ではなく、さらに法的な定義づけもなされていないので、被害者も「これがモラルハラスメントである」と気づかないまま進行していってしまう怖さがあります。

仮に「ただでさえ忙しい中、負担感はありつつも教育実習生を受け入れてやっているのだ」という気持ちから、前述のような見放す関わりの宣言に至ったということであれば、実習の指導教員になるのを断ればよいだけの話です。

そもそも、実習の時点で、教師になるかどうかの意思が固まっていなければならないという根拠はどこにもありません。むしろ、このような扱いを受けたことで、かえって教師になろうという意思が削がれてしまうことも十分にありえます。秋光恵子氏（2011）は、「教育実習におけるさまざまな経験が、素朴な憧れであった教職を生涯の職業として選択するか否かを判断する目安となる」と述べており、実習期間中の経験が、実習生の将来に大きな影響を与えることを示唆しています。もしも、ストレッサーとなるような指導者との出会いがあるのだとすれば、それは近年大きな話題となっている教師の成り手不足問題と決して無縁ではないはずです。

■実習生が実感する「対指導教員ストレス」や実習中の「モラルハラスメント」■

教育実習における「指導教員に対するストレス」や「指導教員からのモラルハラスメント」に着目した大塚賢一氏（2017）の研究によれば、実習生たちは実際に以下のような項目を挙げたと述べたうえで、「意図する意図しないに関わらず、受け入れる側の対応は実習生に影響を与えている。（中略）教育実習の経験がその後の進路選択に与える影響は大きい。将来の進路選択のみならず実習後の学生生活に及ぼす影響も無視できない」とまとめています。

〈指導教員に対するストレス〉

①指導教員に自分の失敗や欠点を指摘されることがあった
②大学で学んだ教え方と指導教員の教え方に違いがあり、どうすればよいのかと悩んだ
③指導教員の教え方や指導方法に反対の意見を感じることがあった
④指導教員との意思の疎通がうまくいかないことがあった
⑤指導教員が示した指導内容や方法などに対して疑問を抱くことがあった
⑥指導教員と、性格的に合わないと感じることが多かった
⑦指導教員に悪口や嫌みを言われることがあった
⑧指導教員から作業に関して過大な要求をされることがあった
⑨指導教員の指導が一貫していないことがあった

⑩指導教員の機嫌が悪いときに気を遣うことがあった

〈教育実習ハラスメント〉 ※指導教員からのモラルハラスメント

①指導教員に、他の実習生や教員の前で恥をかくようなことを言われたりされた
②指導教員に「あなたは馬鹿だ」「能力が低い」などと罵倒された
③指導教員に「こんなものを見るのは時間の無駄だ」などと言われ、精神的に追い詰められた
④指導教員に、「あなたは教員には適さない」等の判定を下された
⑤指導教員からやり方を教えられていないのに、ミスをすると責められた
⑥指導教員は、意図的に必要な情報を与えてくれていないと感じた
⑦指導教員は、放任主義と称して指導やアドバイスを積極的にしてくれなかった
⑧指導教員に、心身の健康を害する可能性があるような不当な課題達成を強要された

教育実習において、実習生は弱い立場です。その弱みや後ろめたさに乗じて、自分

の立場の優位さを強調するようなハラスメントを行う教師は、子どもへの指導においてもそうした手法を用いている可能性が高いといえます。当の本人は加害者であることに気づけていません。今すぐにでも、許されざる行為であることを周知徹底する必要があるのではないでしょうか。

【参考文献】

秋光恵子「教育実習経験が教師に必要な資質能力に関する自信と教師志望度に及ぼす影響：実地教育Ⅲを履修した学部学生と大学院生の比較」『学校教育学研究』23 pp.43-52 ２０１１年
大塚賢一「女子短期大学生が中学校における教育実習中に感じる教育実習ストレス／教育実習ハラスメントと教職志望度」『名古屋短期大学研究紀要』第55号 pp.141-154 ２０１７年

子どもの行動を導く「交通整理」

■子どもの行動を導くための「基礎・基本」を学ぶ機会の重要性■

交通整理を生業《なりわい》としている「交通誘導員」という仕事があります。

この仕事を続けるには「交通誘導警備業務検定」を受けることになっており、警備業法に定められた国家資格の一つであるとされています。人の動きを導く仕事は、どのような業界にあっても基礎・基本が重要であり、それらを学ばなければ仕事は続けられないということになります。

教室でも、日常的にさまざまな出来事があります。「ぶつかった」「誰かに○○された」「アイツが先に○○してきた」「挑発された／煽られた」などの場面は頻繁に起こり得ます。

そんなときに必要なのが「交通整理」という発想です。双方の言い分を聞き取ったり、加害者の子どもの行動の背景を理解したり、被害を受けた子どもの気持ちを代弁したり、イラ立つ子どもの気持ちをうまく誘導したり、一方的な話をしがちな子どもに一旦ストップをかけたり、双方にとって折り合いのつく正しいやり方に導いたり……。

こうすることで、多くの場面は「教育的な価値」をもって子どもたちも迎え入れられるようになります。たとえば、「こういう時はそっと離れよう」と学んだり、「この場面はこう行動しよう」と考えたりする場面として受け入れます。

失敗に寛容なクラスは、「次は○○しよう」というリトライに対して応援するような雰囲気も生まれます。大切なのは、トラブルを完全に抑え込むことではなく、トラブルから何を学び取るかであり、そして次に生かすことです。

でも、このやり方はとても時間がかかります。また、保護者の理解や校内の協力も不可欠です。

さらに言えば、教師が教室内のコミュニケーションの「交通整理」の方法を事前に熟知していなければなりません。

実際はどうでしょうか。教師は、日常の中に子どもの行動を導く場面が幾度となく訪れる仕事でありながら、その基本的なことすら学べていないのが現状です。

結果的に、個人の経験則で物事が語られていきます。経験則と経験則がぶつかり合うと、極端に飛躍的な論の展開に発展しがちなのが世の常です。その典型が、「ほめるか叱るか」「甘くか厳しくか」「子ども主体か教師主導か」といった二項対立軸の構図でしょう。どの議論も、決してどちらかに結論付けられるようなものではないはずなのに、なぜか「答えはどちらなのか」と是か非かだけで語られてしまう……。

自己流や経験則だけに偏らない、教室内のコミュニケーションをていねいに導くための基礎的知識と基本的対応の獲得が急務であると思います。

「ほめるか叱るか」は何も生み出さない

ここであらためて「ほめるか叱るか」論について整理しておきたいと思います。

「叱る」という行為は非常に大きな力を持っています。そのため、それだけに頼ると感覚が麻痺していき、やがて「叱ることや強い指導は、教師が子どもをコントロールできる唯一かつ最善の方法」であるかのような誤解に至ることがあります。

その一方で、「ほめる」だけに偏りすぎると、肝心なときに子どもの行動を止められないとか、ほめられなければ動かない子どもに仕立ててしまうということが起こり得ます。また、ほめられることがベースにあると、ほめられない場面をかえって不安に感じるというケースも出てきます。

つまり、叱るもほめるも、どちらにもプラスとマイナスの両側面があります。このことからも、「ほめるか叱るか」という二項対立的な議論に終始してしまうと、子どもの行動を修正するヒントが見出せなくなると言えるでしょう。

■交通整理の基本は、「止める → 導く → GOサインを示す」■

では、教室内のコミュニケーションにはどのような「交通整理」が必要なのでしょうか。その方法は、以下の3つのステップで示すことができます。

（1）止《と》める

その場にそぐわない行動をいったん止めます。たとえば、「ダメ」「やめて」「待って」「ストップ」などの言葉かけが挙げられます。大きく強めに声を出せば、緊急性の高い指示として伝わるでしょうし、ゆっくりと低めの声色で伝えれば、気づいてほしいという意図になります。また、手のひらを子どもに向けて示して「それ以上はやめてほしい」というノンバーバルなサインを示すことが効果を発揮することもあります。

(2) 導く

次に、その場にふさわしい行動に導きます。その際に大切なのは、子どもの行動には未学習・未獲得な部分があるという理解です。まだ身についていないのであれば、ゼロからていねいに「○○します」と教える必要があります。また、誤学習している場合には、それまでに習慣化してしまった行動と代替的な価値をもった行動を示す必要があります。たとえば、周囲の注目を集めるために騒ぐという行動をしているのであれば、騒ぐ以外の注目に値する行動を示すことで、騒ぐ行動が漸減していくことを目指します。

(3) GOサインを示す

子どもが考えたり、納得したりすることができたら、GOサインを出します。「そうだね」「それだ」「よし」という言葉かけ、背中をそっと送り出すような関わりを行います。交通整理のラストは必ずハッピーで終えることを心掛けましょう。

教育現場のセレンディピティ

思いがけないことを発見する能力

教育現場は、毎日が新しい発見でいっぱいです。

この子はそう考えるのか。この子はそれに反応するのか。この子はそこには納得できないのか。この子はこの一言で安心できるのか……。予想もしていなかったことに出合う、そんな瞬間の連続です。

思いがけないことを発見する能力を、「セレンディピティ（serendipity）」と言います。科学の分野では比較的多く使われている用語であり、イギリスの作家Ｈ・ウォルポールによる『セレンディップの三人の王子』に登場する王子たちの姿に由来します。セレンディップは国の名前で、のちのセイロン、今はスリランカのことです。登場人物である三人の王子はよく物を見失うのですが、探している物はなかなか出てこず、そのかわり思いもかけぬ物に出合います。それも一度や二度ではなく、何度も何度も飛び出してきます。

そのエピソードから生まれた「セレンディピティ」という言葉は、科学者たちが出合う思いもよらない大発見を象徴しているということで広がっていきました。

教育現場もまったく同じです。

いい意味での「裏切り」。予定調和ではない「面白さ」。新鮮な驚きに包まれる「心地よさ」。想定とは異なる姿への「感動」。

想定外を楽しめる人にこそ、教育現場を選んでもらいたいし、教育現場に残ってもらいたいと本気で思っています。

ところが、そうした想定外を異常なまでに嫌う大人がとても多いのもまた、教育現場の特徴でもあります。そのせいか学校では、想定外を楽しみたい教師のほうが職員室内で窮屈さを感じ、居場所を失っています。

子どもと向き合う仕事ゆえの「想定外」の愉しみ方

サッカーのＰＫ戦で、どちらの方向に球が来るのかあらかじめ分かっていたらちっとも面白くないように、何がどう飛んでくるのか分からないところにこそ、教育現場の「面白さ」と「奥深さ」があります。

近年深刻化している教師の成り手不足問題の真の解決策は、教育界における「想定外に嫌悪感を示す大人の勢力を弱めること」と「予想もしなかった発見こそが教育現場の真の魅力であると伝わるような仕組みを作ること」に尽きると思っています。

では、どのように考えればよいでしょうか。それは「問題が起きることをマイナスだと捉えない発想をもつこと」です。

学校は、ＰＤＣＡのＰ（Plan）にとらわれがちな組織です。だからこそ、計画を立てるときに「ハプニングやトラブルを起こさせない」という発想を抱くことは危険です。

計画は、あるに越したことはないのですが、それありきになると「そうでないこと」への苛立ちを生みます。想定外の出来事が起きることへの懸念が強くなり、やがて計画通りに進まないことに対する苛立ちや怒りや憤りにつながります。

「怒り」や「憤り」は二次的な感情です。それをもたらしているのは、「不安」「心配」「混乱」「困惑」「恐れ」といった一次感情です。

そうした不安・心配・恐怖を経験したくない大人ほど、できるだけ多くのことを、何もないうちから完全にコントロールしようとします。厳密なルール、逃げ場を与えない指導、追い詰める言葉かけなど、そこには相手への思いやりもリスペクトの欠片すらも感じられません。

中には、自分ではコントロールできないもの（たとえば、他者の気持ちや時間など）まで「自分はコントロールできるのだ」と勘違いしている大人もいます。たとえば「〇〇を許したら、全てに対応しなければならなくなるからダメ」と一切を認めようとしなかったり、事が起きてからでは遅いと言わんばかりに「何かあったらどうするのか」と起きるはずもない心配を声高に訴えたりする姿などはその表れだと言えるでしょう。

学校は今、こうした流れに傷つけられた人とこうした流れに巻き込まれないように身構えている人で溢れているように感じます。

■セレンディピティの広げ方■

今のままでは、学校は子どもたちを受け止め、伸ばす場ではなく、子どもたちを追い込み、追い詰める場になりかねません。

本来、子どもの育ちには想定外や予想外がつきものです。「そうきたか！」という驚きと「なるほど、やるな！」という発見こそが、授業を授業らしくし、学校を学校らしくするのではないでしょうか。

そのためには、しつこくこびり付いた汚れのような「こうあるべき」を一つずつ排除していく必要があります。そして、学校という場や子どもという存在には、「変化」や「ハプニング」や「想定外」がつきものであり、それらを「ま、こういうこともあるよね」と丸ごと受け止める度量をもつことが大切になると言えるでしょう。

教職の本当の愉しみは、「人は自分の思い通りにはならない」と感じる経験をたくさん積み上げられることにあります。その意識をもてない人たちが集まるのならば、学校はますます魅力のない場になっていくに違いありません。

【参考文献】

外山滋比古『乱読のセレンディピティ　思いがけないことを発見する読書術』扶桑社　２０１６年
堀博嗣・宇野弘恵『教職の愉しみ方　授業の愉しみ方』明治図書　２０２３年

おわりに

人生には必ず後悔が伴います。

私もそうです。過去を振り返れば「もっといい方法があったのに」と無数の後悔が押し寄せます。

今持っている知識と見通しと敬意（相手へのリスペクト）を持ったまま、あの日に戻りたい。

そうすれば、もっと違うアプローチができたのに……。

苦しめずに済んだ子もいたのに……。

何も持ってなくて、本当にごめん……。

でも、何も持ってなかったその頃があったから、ここまで懸命に踏ん張れたような気もします。その時、何かを持っていたら、もしかしたら、今とは異なる人生を歩んでいたかもしれません。その頃に謝りながら、後悔しながら歩んでいく人生こそが、本当の道のような気がします。

人生とは「埋め合わせ」の連続です。

過去のあの頃にはもう戻れません。その思いを目の前の子どもたちとの関わりに生かすことでしか取り戻せないのです。今の自分は、さまざまな選択を重ねて出来上がった結果の自分なのだと言えます。

教師とは「自分の関わりが人を傷つけることもありうる」と理解している人だと思います。自分が誰かに許されていることを自覚できなければ、相手を許すこともできないからです。

今の社会は、少しでも自分と異なるものを排除する風潮が強くなっています。少しでも人と違う主張をSNSで発信すると袋叩きにされることもあります。そういう社会の到来を私たちは望んでいたのでしょうか。「異質な他者や意見が身近にあっても、それはそれとして受け入れられる」という文化を、少なくとも学校で育んでいかなければ、社会はどんどん不健全になってしまいます。お互いを潰し合うような社会にしないためのキーワード、それが「許す」です。

教育の根幹には「今のままのあなたで大丈夫」という許しがなくてはなりません。許しの欠けた学校では人は育ちません。教師の成り手が不足している現状は、学校に「許す」という文化が欠けていることを暗示しているのかもしれません。

本書がきっかけとなり、日ごろの指導場面の一つ一つを見つめ直すことになれば嬉しい限りです。

最後に、本書を手に取ってくださった読者の皆様へ。最後までお付き合いくださり、本当にありがとうございました。「自らが許される立場である、ゆえに人に教えることができる」、この言葉を、どうぞお隣の方にそっと伝えていただきたいと思います。

2024年5月

川上康則

本書〔コラム3編を除く〕は、『週刊教育資料』（教育公論社・隔週刊）の2022年7月4日号（No.1663）から2024年1月1・8日号（No.1731）までに掲載された「現場仕込みのメンタルケア論」を再構成し、若干の加筆修正をしたものです。

著者紹介

川上康則（かわかみ やすのり）

東京都生まれ。立教大学卒業、筑波大学大学院修了。東京都杉並区立済美養護学校主任教諭、立教大学兼任講師。公認心理師、臨床発達心理士、特別支援教育士スーパーバイザー。

著書は『〈発達のつまずき〉から読み解く支援アプローチ』（学苑社）、『こんなときどうする？ストーリーでわかる特別支援教育の実践　ケーススタディからのアプローチ』（学研プラス）、『発達につまずきがある子どもの輝かせ方ライブ講義 通常の学級の特別支援教育』（明治図書出版）、『子どもの心の受け止め方 発達につまずきのある子を伸ばすヒント』（光村図書出版）、『教室マルトリートメント』（東洋館出版社）など多数。

教師の流儀　　正解のない問いを考える

発行日　2024年6月20日　初版第1刷（3,000部）

著　者　川上康則
発　行　**エンパワメント研究所**
〒201-0015 東京都狛江市猪方3-40-28　スペース96内
TEL & FAX 03-6892-9600
https://www.space96.com/
e-mail：qwk01077@nifty.com

表紙デザイン：石原雅彦　　編集・制作協力：松浦　聡　　印刷：（株）シナノ
ISBN 978-4-907576-30-1